创新的偏见

Creative Change

Why We
Resist It
...
How We Can
Embrace It

[美]
珍妮弗·米勒
(Jennifer Mueller)
著

任 烨
译

中信出版集团 | 北京

图书在版编目（CIP）数据

变革性创新 /（美）珍妮弗·米勒著；任烨译. -- 北京：中信出版社，2020.8
书名原文：Creative Change:Why We Resist It...How We Can Embrace It
ISBN 978-7-5217-1692-4

Ⅰ.①变… Ⅱ.①珍…②任… Ⅲ.①企业创新—研究 Ⅳ.①F273.1

中国版本图书馆CIP数据核字(2020)第043271号

Creative Change by Jennifer Mueller
Copyright © 2017 by Jennifer Mueller
Published by arrangement with Houghton Mifflin Harcourt Publishing Company through Bardon-Chinese Media Agency
Simplified Chinese translation copyright © 2020 by CITIC Press Corporation
ALL RIGHTS RESERVED
本书仅限中国大陆地区发行销售

变革性创新

著　者：[美] 珍妮弗·米勒
译　者：任烨
出版发行：中信出版集团股份有限公司
　　　　　（北京市朝阳区惠新东街甲4号富盛大厦2座　邮编　100029）
承　印　者：三河市科茂嘉荣印务有限公司

开　本：880mm×1230mm　1/32　印　张：8.5　字　数：160千字
版　次：2020年8月第1版　印　次：2020年8月第1次印刷
京权图字：01-2019-7858
书　号：ISBN 978-7-5217-1692-4
定　价：64.00元

版权所有·侵权必究
如有印刷、装订问题，本公司负责调换。
服务热线：400-600-8099
投稿邮箱：author@citicpub.com

献给史蒂文

目 录
Contents

前 言
非创造性破坏的种子　　　　　　　　　　　/ III

第 1 章
隐藏的创新障碍　　　　　　　　　　　　　/ 001

第 2 章
我们与创造力之间爱恨交织的关系　　　　　/ 025

第 3 章
悖论背后的科学　　　　　　　　　　　　　/ 053

第 4 章
自我突破：克服自己对创造力的偏见　　　　/ 081

第 5 章
克服他人对创造力的偏见　　　/ 113

第 6 章
在你的组织中培育变革性创新　　／ 153

第 7 章
克服对创新型领导者的偏见　　／ 185

第 8 章
与其继续产生创意不如着重制造影响力　／ 213

致　谢　　　　　　　　　　　　／ 233
参考文献　　　　　　　　　　　／ 237

前言

非创造性破坏的种子

2016年,一群来自《原子科学家公报》科学与安全委员会的杰出科学家(包括几位诺贝尔奖获得者),认为我们目前距离象征世界末日的午夜时分还剩三分钟。这意味着,根据地球上最聪明的人的说法,人类接近毁灭的可能性与美国同苏联进行核战争的冷战时期面临的情况差不多。

借用科学家兼畅销书作家卡尔·萨根的话说,人类可能活不过技术发展期。我们要解决的重大问题有全球变暖、恐怖主义、污染、核威胁等,而且我们需要解决方案,**这尚需时日**。

那我们如何找到解决方案呢?用**创造力**。

我们相信创造力会拯救我们。科学家则期望创造力能拯救人类,但他们并不是唯一关心创造力的人。如果你是个经商者,那么无论你在哪家公司工作,身处哪个行业,当你的公司开始出现问题、你的职位受到威胁时,你都会需要创造力。如果你是创业者,那么你每天都会祈求创造力的降临。如果你身处军营,那么创造力几乎是唯一能帮助你扭转败局的因素。如果你是教育工作者，那么你会希望让自己的学生变得更有创造力，这样他们就能够解决我们所面临的复杂问题，或者至少能够参与国际竞争。

我认为，创造力可以给我们带来永恒的希望，这正是我们迷恋和热爱创造力的一部分原因。大多数文化将创造力与一切好的事物（快乐、美丽、神圣等）联系在一起。所以人们总是建议要产生更多有创意的想法！我们产生的想法越多越好，因为我们越早产生正确的想法，就能越快解决自己最需要解决的问题，没错吧？

我们一直在遵循这条建议，也一直在生成很多想法。事实上，我们很清楚该如何产生有创意的想法。只需要稍加指导，任何学生都可以在一小时内提出几个好的想法。借助众包网站，你或许可以在几分钟内就产生数千个想法。

那么是什么在阻碍我们走向一个更美好的世界呢？作为一个物种，我们为什么会处在毁灭的边缘呢？为什么人、公司、社群和国家还在为了变得富有创造力而苦苦挣扎呢？

就公司而言，你或许认为它们做得还不够。真实而独特的创造力是非常罕见的！所以为了找到一个能化解问题的有创意的解决方案，我们可能需要想出更多的方案。比如投资那些更能激发灵感的团队创意生成项目和头脑风暴活动，增加用于研究和开发的预算，让你的员工能更快地产生更多的想法，带领你的员工集体讨论备选方案并购买头脑风暴软件。

近 20 年来，我一直致力于研究创造力。这种围绕着产生更多更有创意的解决方案而展开的讨论，开始让我感到害怕。原因是我的研究成果表明，这种讨论是在解决一个我们可能不会再遇到的错误问题。我根本不相信某人提出的有可能拯救我们所有人或者挽救你的公司的想法，会对我们的社会或你的事业产生重大的影响。

我写这本书就是为了推翻人们一直以来围绕创造力这一概念所展开的讨论。我们需要改变认识，而且要快一点儿。你可能会问，为什么？我们要解决什么问题？这两个问题都提得很好。本书就是为专门回答这些问题而写的。

简而言之，问题是这样的：我认为我们已经开发出许多能帮助我们产生新想法和新方案的好方法。然而，问题在于我们识别并接受创造性解决方案的能力，说得委婉一点儿，我们非常缺少这种能力。令人悲哀但又具有讽刺意味的是，我们**因为**一个观点很有创造性而拒绝它的可能性要比接受它的可能性更大。如果我们产生创意的能力远远超出我们真正接受它们的能力，那么就算你有再多的创意也无济于事，因为它们不会产生任何影响。好主意将会被留在文件柜中，无人问津。即使有人在某个地方花费了时间和精力想出了能够拯救我们的解决方案，这些方案也没有机会得到发展与普及。

总之，现在在人类的发展过程中，我们的问题并不在创意的构思阶段，而是我们竟然无法摆脱自身的束缚，无法放弃自己毫无意义的思维方式，也无法接受新事物和新挑战。你可能已经听说过由经济学家约瑟夫·熊彼特提出的"创造性破坏",这个术语描述的是新技术摧毁旧市场的场景。而我认为不接受创造力的选择将导致另一种破坏,即"**非创造性破坏**",也就是出现亟待解决的问题需要我们立刻接受创造力时,我们却在坚持维持现状。

你可能会说:"是的,是的,没错,这一点我们很清楚。我们已经知道人们会抗拒改变。"对此我将这样反驳:"是的,你说得对。而如果这是真的,那么现在我们花费如此多的时间和精力去产生我们极有可能被拒绝的创意,你不觉得太具讽刺意义了吗?"

我和我的同事们相信我们可以解释这个奇怪的谜团——为什么我们如此渴望创造力,最终却又拒绝接受它。我写这本书的目的就是向大家展示我们对于这一隐藏障碍的根本成因最成熟的思考。

可喜的是,现在距离午夜还有整整三分钟,不是两分钟,也不是一分钟。虽然还不算太晚,但是时候该做出改变了。

创造力不是魔法,我相信我们都知道该如何培养创造力。事实上,有很多优秀的图书和资源可以帮助你产生创造性的想法,但本书不在此列。

更确切地说,本书包含了解决我们如何接受创造力这一问题的方法,这个过程非常重要,但奇怪的是,人们并不经常提及它。我相信我们可以**培养出**自己变革性创新的能力。一旦我们更倾向于接受新事物,产生大量的创意就会再一次变得有意义,因为这些创意很可能发挥出应有的作用。

首先，你可能会问，难道创意不是既新颖又有用的吗？如果是这样，那么人们为什么还会拒绝它们呢？前 3 章将告诉你问题的范围和规模。

具体来说，第 1 章给出了变革性创新的定义，并引出被我称为**"隐藏的创新障碍"**的概念以解释为什么企业虽然崇尚创新，并且有许多创造性的想法，但仍会受非创造性破坏影响。同时，第 1 章还提出一个令人惊讶的问题：我们知道人们热爱创造力，但他们有可能会**讨厌**创造力吗？

第 2 章解释了我们对创造力的厌恶并不是天生的，而是由我们所处的情境以及受此影响在评估创意时所使用（并且是被训练使用）的思维方式造成的。这一章还展示了我们的思维模式是如何开启和关闭对创意的爱与恨的。

第 3 章则深入探讨了我们讨厌创造力背后的科学原因，以及我们的思维模式（和专业知识）在其中所起的作用。这一章还提出一种可能性，那就是人们不会轻易承认自己不喜欢创造力。事实上，这更像是一种可能在潜意识下产生的本能反应。

第 4 章为你提供了一个 4 步法和一种在前 4 步都失败后还能补救的方法，从而帮助你突破不适应的思维模式，更准确地看到创意的价值。这一章还会探讨世界上一些最杰出的智者和发明家是如何评估创意的，目的是为你提供一些控制自己本能地拒绝创意的这种消极反应策略。

第 5 章则转到另一方面，告诉你一些帮助别人突破他们的思维模式，从而看到创意价值的策略。由于创意的性质很独特，所以某些影响策略可能会适得其反，损害你有效推销创意的能力。为了解决这个问题，我提出了 FAB 框架，F 代表匹配（fit）、A 代表顿悟（aha）、B 代表扩展（broaden）。FAB 框架是为了帮助你真正说服别人喜欢并利用创意而专门构建的。

第 6 章讨论了你所在组织中的变革性创新，并提出一个有争议且令人烦恼的问题：在当今这个时代，在我们说自己崇尚创新的情况下，大多数组织（大学、企业、机构、政府）的结构是否可能引发了人们对创造力的厌恶呢？如果答案是肯定的，那么我们如何才能克服这种因环境和制度而导致的厌恶呢？本章给出几种解决方案，以帮助你搭建组织架构，从而积极推进而不是无意中阻止变革性创新。

第 7 章将带领我们解决识别真正的创新型领导者的难题。这或许可以解释即将到来的"创造力危机"，即研究表明千禧一代在创造力测试中的得分低于前几代人，而且当今的一些高层领导者可能普遍缺乏创造性思维能力。在本章中，我会论述这两个问题的原因可能是相互关联的，并给出解决方案，以帮助我们避免这场迫在眉睫的群体危机，识别真正的创新型领导者。

第 8 章则呼吁人们行动起来：不要再提出大量的解决方案，而要开始进行变革性创新。几乎所有关于创造力的书都会告诉你要想出更多的解决方案，因为宁多毋少。但真是这样吗？如果更多的解决方案实际上会使组织的创新过程变得**更加困难**，那么会怎么样呢？如果更多的解决方案只会引起我们对创造力的厌恶而不是喜爱，那么又会怎么样呢？本章会给出可以解决这些问题的研究数据，并介绍几种在不牺牲我们让别人接纳自己想法的能力的前提下产生创意的方法。

总之，本书的前半部分论述了我们为什么会抵触变革性创新，后半部分则阐释了我们如何才能让自己和别人接受变革性创新。

第 1 章

隐藏的创新障碍

在我刚刚担任沃顿商学院助理教授的几个月里,我见到一批在某家大型跨国公司工作的副总裁。为保密起见,我将那家公司称为 Z 公司。

这些副总裁认定他们公司正被如何变得更有创造力的问题困扰,于是让我谈谈为什么会出现这样的情况。这样的机会让我异常兴奋,这很大程度上是因为我**非常**了解这方面的文献。因此,和其他优秀的学者一样,我对产生并真正实现创造性(指新颖且有用的)想法有多么困难这个问题进行了简要的介绍。

我永远不会忘记在我结束发言后那些高管脸上的表情。我以为会有人点头,嘴里咕叨着表示赞同,或者哪怕是露出一丝好奇的表情也可以。

相反,我在他们眼中看到的是困惑和失望。最后,一位高管带着怀疑的目光看着我说:"好吧,但情况并不是这样的。"

另一位高管则对我更有耐心一些。他详细解释了 Z 公司在创造力方面存在的问题，说实话，这个问题与我讲的内容几乎毫不相干。"我并不是说我们在产生创意方面遇到了困难，或者在落实上出了问题，"这位高管解释道，"我们可以买到创造力。尽管我们收购了拥有突破性产品的公司，但这些产品很少能落地，原因并不是我们不知道如何有效地将一种产品推向市场。我们的问题是，一旦我们收购这些公司并将其整合到我们旗下，随着时间的推移，它们就变得不再具有创造力了。它们的产品线逐渐萎缩，所以我们只好卖掉它们。但不久之后，这些原本很普通的公司突然间又研发出有创意的产品。"

他总结道："如果你想帮助我们弄清楚如何才能变得更有创造力，就先弄清楚如何解决这个难题，因为在我们看来，这是一个价值几十亿，不，是几万亿美元的问题。"

听了这番话，我竟然无言以对（我可以告诉你，我很少遇到这种情况）。这些高管并不认同我从传统学术角度对创造力为何如此稀缺这一问题的解释，因为这与他们的经历并不相符。但如果产生创意的阶段没有遇到问题，而且实现过程也与他们的能力无关，那么问题到底出在哪儿呢？这家公司似乎并不抗拒改变，他们在创意产品上投资了数十亿美元。那他们为什么还会为此头疼呢？

我很快就发现 Z 公司并不是个例。其他公司（不管是大公司、小公司，还是规模在两者之间的公司）也在为提高创造力而苦恼。高管们打电话给我，让我为他们的公司进行创意生成方面的培训。而高级经理们会告诉我，尽管创造力是公司的战略重点，但他们的员工并没有想出具有创造力的解决方案。

我一次又一次地进行这类培训，结果发现大多数参与者已经接受过有碍于创意生成的训练了。我听过很多有关员工如何提出优秀的想法，但这些想法很快被管理层无视的故事。一位参与者甚至给我看了一大沓记录着她奇思妙想的稿纸，这些想法现在都写进放在文件柜里的白皮书里。当我问她为什么公司领导告诉我他们迫切需要更多的创造力，却拒绝接受她的想法时，她告诉了我一些让我感到相当惊讶的事情。她说："这里的高管们实际上并不需要创意。"

我对此简直无法理解。为什么那些雇我来帮助他们提高创造力的公司的高层管理人员会花费大量的资源来培养内部创造力，却又拒绝接受员工的创意呢？在最好的情况下，这似乎是在公然浪费金钱和其他资源。在最坏的情况下，这看上去就是彻底的虚伪。也许所有关于创造力的讨论都只是表面文章？我回想起我与Z公司高管们的那次见面，如果这些大忙人只是假装需要创造力的话，他们不可能浪费时间去听顾问的建议，也不会为购买新公司而花费数十亿美元了。

难道不是吗？

有一件事是肯定的，那就是高管们需要真正的解决方案，而像我这样的学者则花了几十年时间来识别解决方案。在ABI商业信息数据库（一个商务类文章数据库）中快速搜索一下你就会发现，20世纪90年代以来，有大约3万篇有关创意生成的文章，以及15万篇有关创意实现的文章被发表。既然我们已经有了那么多产生和实现创意的解决方案,那么公司为什么仍然很难拥有创造力?

如果连我们最好的解决方案都不能解决问题,那么或许我们需要重新定义我们试图要解决的问题了。除了创意的生成和实现,是否还存在看不见的第三个创新障碍呢?如果是这样的话,那么它的威力一定很强,以至即使在那些既善于产生创意,又能很快将其付诸实践的公司中,它也能对创造力造成损害。除此之外,对于一心要引入新的解决方案,并将机会转化为胜利的决策者来说,它也一定是看不见的。那么这个无形的障碍到底是什么呢?

我在思考这个问题的时候,又一次想到 Z 公司的案例。他们的高管告诉我,产生和实现创意并不是他们面临的瓶颈,对此他们很肯定。事实上,他们认为自己收购的公司随着时间的推移变得越来越缺乏创造力。如果情况确实如此,那么一种可能性是,Z 公司收购了几家公司,然后压制了它们产生创意的能力,原因可能是烦冗的官僚体制和大量的文书工作。这种想法的问题在于,Z 公司收购的是制造医疗设备的小公司,而这类产品的研发通常都非常缓慢。从这些公司被收购到被出售,这段时间它们的产品可能根本没有发生什么变化。

我只能靠自己了。尽管我还没有任何答案,但我对解决这个问题有着极大的热情。我想找到这个隐藏的创新障碍。而且我有一种预感:随着时间的推移,Z 公司的高管们觉得他们收购来的公司变了,可能并**不是因为产品发生了变化,而是因为他们评估产品的方式发生**

了变化。

是不是我们所有人都在根据一个错误的假设来行事呢？也就是说，我们假设某一行业中的任何一位专家都能准确地评估创造性的机会。我们知道专家是很擅长评估他们熟悉的产品或流程的。

但如果创意与常见且经过验证的想法相差太大，以至连专家也很难对其进行评估，那么将会怎么样？

如果我们对怎样发现和接受创造性机会的基本假设都是错误的，那么又该怎么办？

揭露我们对于创造力的矛盾情感

常见的想法和新的想法怎么会不一样？要理解这一点，不妨想想下面这个问题。假设你在一个放有两个大壶的房间里（如图 1-1 所示），由于大壶是不透明的，所以你看不到里面的情况。但是你知道左边的大壶里装着 50 颗白棋子和 50 颗黑棋子，而右边的大壶里也装着 100 颗棋子，但白黑棋子的比例是未知的。

游戏规则是这样的：你如果在不查看的情况下，能一下从大壶里拿出一颗黑棋子，就能赢得 100 美元。

你会从哪个大壶中取棋子呢？

图 1-1 两个大壶

一位首席执行官告诉我，在他的创新团队中，大多数决策小组成员都选择了左边的大壶。事实上，当曾在兰德公司工作的丹尼尔·埃尔斯伯格描述这个问题的时候，他也发现大多数人选择了左边的大壶。你很有可能也会这样选，为什么呢？

大多数人说，他们之所以选择左边的大壶，是因为觉得这个选择的风险比较小。但真的是这样吗？右边大壶里黑白棋子的比例是未知的，也就是说取出每种棋子的可能性是均等的。右边的大壶里有可能全是黑棋子，真是这样你就赢定了。要计算从右边的大壶里取出黑棋子的实际概率，你可能会发现一件令人惊讶的事情，那就是从右边的大壶里取出黑棋子的概率是50%，与从左边的大壶里取出黑棋子的概率完全相同。

如果你选择左边的大壶，仅仅因为你觉得这样做风险比较小，那么你没有根据理性解决问题的方法做出选择。你为什么会做这样的决定呢？可能是因为你想快一点儿做出选择，同时也想避免不确定性或者不知情的感觉。丹尼尔·埃尔斯伯格发现了一个有趣的悖论：尽管从两个大壶取出黑棋子的可能性相同，但是他发现人们更喜欢左边的大壶，因为它不会让人有模棱两可的感觉。

斯坦福大学认知心理学教授阿莫斯·特沃斯基和加州大学洛杉矶分校的心理学教授克雷格·福克斯发现了解开埃尔斯伯格悖论的方法。当你对埃尔斯伯格悖论中的两个大壶分别进行评估时，这种对于模糊的厌恶就会消失。只有当你比较两个大壶时，你才会意识到这种模糊性，从而拒绝不确定的选项，而倾向于那个看起来更确定的选项。换句话说，我们对模糊感的厌恶并不是与生俱来的。事实上，它会根据我们处理问题的方式出现或消失。

在许多方面，常见的想法就像左边的大壶。我们对这些想法以及它们起作用的方式非常了解，所以能够以我们期望的方式去计算它们的运行风险，但创意更像右边的大壶，我们对它们知之甚少。然而，这个类比就只能到这里了。你如果还记得初级代数，可能就会回想起一个简单的前提：如果已知一个方程中有一个未知数，你就能解出 X。但如果一个方程中有两个或两个以上的未知数，你就不可能解出 X。而创意往往有很多未知之处。我们无法确切地知道创意在未来会给我们带来怎样的好处，也不知道别人是否会看好这些创意。

在埃尔斯伯格悖论中，不确定性是可知的，你只需要花时间做心算就可以了。与一个很容易就可知的选项相比,即使是这样小的不确定性也会让人感觉相当不安全。现在不妨想想,当评估一个你既不可能知道在哪儿也不知道是什么的创意时,你遇到那种不确定性会是怎样的感觉。

美国国防部前部长唐纳德·拉姆斯菲尔德有句名言:"世上有已知的已知,有些事,我们知道自己知道。我们也知道世上有已知的未知,就是说有些事,我们知道自己不知道。但还存在着未知的未知,也就是那些我们不知道自己不知道的事。"只有在存在一个已知的未知的情况下,你才能计算风险。创意往往涉及很多未知的未知。有趣的是,许多创新大师会让高管们去计算与创意相关的风险或成本效益。我很想知道,当面对评估完全不可知的事物这一任务时,人们会是什么感觉。

人们往往会试图降低不确定性,然后在不可知的情况下找到答案。不妨想想结婚的决定。当你打算结婚时,你会通过方程来评估离婚的风险吗?你会计算一个数字从而判断这个人是否跟自己相配吗?如果你对这些问题都给出肯定的回答,那么你可能是一位崭露头角的社会心理学家。但是,即便这个领域在过去几十年里取得了非凡的进展,也不清楚该如何准确预测一对儿夫妇是否会离婚。问题的一部分原因是有太多的未知。你不知道在婚姻生活中,你是否会遇到经济困难,或者是否会发生悲剧,又或者你的伴侣是否会爱上其他人并决定主动结束婚姻。

当你或你认识的人在抉择要不要结婚的时候,你对这些问题的担忧会加剧。你可能会问:"我怎么知道这个人就是我要找的人呢?"然后你会收到所有人接二连三提出的有关什么重要、什么不重要的无用建议,结果你会发现没有人真正知道答案。

但你可能会注意到,你对潜在结婚对象的评价会随着你得到的建议而改变。一位朋友可能会明确地说:"当你确定他(她)就是你要找的那个人时,你会很确定。如果你还在问这个问题,那么这个人不是你要找的那个人。"听到这番话,你可能会担心,然后想,**哦,不,我弄错了**。但之后,当你问另一个朋友时,他可能会说:"你不可能确定的,每个人都有临阵退缩的时候,一切都会好起来的。"这或许会让你感觉更平静。而另一个朋友可能会说:"像这样好的人可能再也不会出现了。"听到这里,即使你仍然不确定,也可能会对你的伴侣总体上持一种更乐观的态度。

关键在于,我们对自己不确定性的描述会改变我们对生活中许多不同方面(其中一些对我们的长期成功和幸福非常重要)的评价方式。那么,我们对创造力的评价不也是这样吗?我认为是的。

让我们回到 Z 公司高管和他们决定收购或出售公司的那个例子。当高管们决定收购时,他们可能会将自己对这一决定的不确定性描述为可以容忍(例如,"这家公司潜力很大,我们只是不知道它是否能赚到钱")。而当高管们决定出售时,他们可能会将自己的不确定性描述为无法忍受(例如,"我们如果无法确切地知道这家公司是否会赢利,就意味着这是一项糟糕的投资")。

我们接受创意的能力有没有可能并**不是**一个纯理性的计算概率的过程,而是一个简单地控制我们不确定感的心理过程?毕竟,当我们选择接受一个创意时,这些讨厌的疑问和假设可能会影响我们的判断力。但如果我们不够小心,就可能被一个会对我们造成毁灭性后果的想法诱惑。专家们在评估创意时所经历的困境有没有可能构成了这一创新的隐藏障碍呢?如果是这样的话,那么在创新的实际过程中,这个障碍又将发挥怎样的作用呢?

隐藏的创新障碍

哈佛商学院商学教授罗莎贝丝·莫斯·坎特将创新描述成一个从创意生成开始,发展到决策,最终产出创意的三阶段过程。在她看来,这一模型展示了创新在大型正式组织中的发生过程:首先由员工提出想法,然后管理者决定将哪些想法推进到实行阶段。

但如果你想让模型更加一般化和非形式化,并且更具体地指向创造力,而不是实现常见想法,那么你可能会说,决策可以发生在创新过程中的很多环节。当你决定采用你自己的一个特定的创意,或者说服别人接受这个想法时,都需要进行决策。而且这两个过程都可能发生在任何一位正式的决策者看到这个创意之前。

想想经典科幻电影《2001太空漫游》的片头。在一片原本贫瘠的荒漠中，一群酷似猿猴的史前原始人与低等动物在一个小水坑附近闲逛。他们边吃边喝，还友好地互相梳毛。后来，一个敌对的部落出现，他们也想喝水坑里的水。敌对部落的成员们尖叫着跳来跳去，威胁要发动攻击，于是先前的那群原始人慢慢地向后退。

这样的状态一直延续着，直到有一天先前那个部落的聚居地突然出现一块奇怪的黑色巨石，其中一个"穴居人"盯着一块大骨头看了很长时间。他看了看自己的手，又看了看骨头。接着他拿起骨头挥舞着，把其他的骨头砸得粉碎。在下一个画面中，这个穴居人猛击与他们生活在一起的一只温驯的有蹄类动物的头部，之后部落里的成员们都在吃动物的肉。当敌对的部落再次来到水坑边想把原来的部落吓跑时，穴居人用一根大骨头攻击敌人。他所在部落的其他成员迅速加入战斗，也以骨头为武器，最终他们赢回了水坑。

尽管这个例子有些暴力，却展现了创新是如何赢得胜利的，或者有可能体现了我们为什么**相信**创新会赢得胜利。我们认为产生以骨头为武器的创意让这个部落在与其对手的竞争中获得了优势。不仅如此，在战斗中使用骨头也确实起到了效果。先前那个部落成功地利用骨头作为武器发动了一场协同攻击。因此我们相信，以创造力取胜需要我们先产生想法，然后找到一种有效实现它们的方法。

但为了让穴居人的想法变为现实，还有一个不可缺少的步骤，事实上，电影假定这一步是已经确定的，而你可能也认为这个步骤是理所当然的。你不妨暂时让自己站在穴居人的立场上，想象你凭借独到的观察力，发现骨头可以砸碎东西。那么你会自然而然地决定在战斗中使用骨头吗？请你仔细想想。在战斗中，你是在和一个会反击的对手战斗，而不是和一只不知危险降临的温驯动物。你不确定用骨头去对付另一个同类是否会奏效，并帮你赢得战斗。使用骨头之后你如果输掉了，由此带来的风险，就远大于像往常一样逃跑。毕竟到目前为止，逃跑对于你的部落来说是很不错的策略。既然部落已经这样生存了很长一段时间，那么为什么还要改变策略呢？相反，使用骨头可能会激怒另一个部落，以致引发一场给你的同伴带来毁灭的战争。

说到这一点，在电影中，部落里的其他成员也和穴居人一起，用骨头作为武器与对手战斗。假设你试图说服你的同伴去做一些他们之前从未想过的事情，他们也许会认为你有点儿古怪，觉得你的想法很奇怪或者很危险，他们可能不会认真对待你的建议。你可能必须先证明用骨头砸东西是非常有效的，才能说服他们。

即使在展示了骨头的用途之后，一些部落成员可能也不会被说服，并且还有可能会让其他人无视和排斥你。还有成员甚至可能会嘲笑你，然后告诉别人你的想法有多么愚蠢，而原因是，这个部落成员暗自担心骨头的这种新用途会冲击他作为唯一强壮到可以徒手杀死猎物的穴居人的崇高地位。部落的巫师可能会认为使用骨头会激怒祖先，于是禁止使用骨头，以避免灾祸。事实上，你甚至可以想象这样一个场景，那就是敌对部落也想出用骨头作为武器的主意，但出于上述的所有原因，最终决定还是不使用骨头了。

显然，一旦在战斗中使用骨头并打败了敌人，这个部落在未来再次使用骨头的可能性就会大大提升。骨头的价值一旦被证明，它就不再涉及那么多未知的未知，因此支持者便可以利用这个事实来对付任何反对使用骨头的意见。

我的观点是，当那个穴居人第一次产生了骨头可以成为另一种拳头的创意时，还从来没有人在战斗中使用过骨头。穴居人无法保证一定会成功，他不可能说："听着，另一个部落在使用骨头，所以我们也应该这样。"因此在这个时候，穴居人如何说服自己和其他人使用骨头所涉及的心理学问题，和如何在骨头成为一种经过验证的武器后说服别人使用它所涉及的心理学问题在本质上是不同的。

这个接受创意的决定就是我所说的**变革性创新**。变革性创新的过程包括**接受有益的重新定义**。换句话说，任何要经历变革性创新的人都必须抛开定义某个事物的固有方式（比如拳头可以是武器，但骨头不可以），并接受定义同一事物的一种截然不同的全新方式（比如骨头是另一种拳头）。

变革性创新是创新过程的一部分，与创意的生成和实现阶段交织在一起。组织中的变革性创新会发生在许多不同的层面上。比如，当你决定采用一个创意时，不管这个想法是你的还是别人的，变革性创新都会发生。当风险资本家决定给一家创新公司投资，或者当组织决策者决定为一项新的方案拨款时，变革性创新就发生了。当评论家称赞某个创意的优点，而且消费者购买了产品时，变革性创新就发生了。当你说服其他人接受一个创意时，对于他们来说，变革性创新就发生了。而对于《2001太空漫游》中的穴居人来说，变革性创新始于他决定在战斗中利用骨头作为武器的那一瞬间。当他说服包括部落首领在内的其他穴居人都使用骨头时，这种变革性创新就会持续下去。

大多数人认为，决定采用一个创意的过程很简单，因为既然你需要创意，那么选择一个就好了。你可能会同意并坚持认为，变革性创新是不需要用脑的事情：因为骨头的用途很明显，所以穴居人才会用它。但这种想法是后见之明，而且被你现在这种完全确定的感觉影响了，因为你知道这个想法是可行的。事实上，你要把自己当成那些在最终结果明确之前就要做出这种决定的人。穴居人希望骨头能发挥作用，而不会引发一场其部落无法取胜的全面战争。但没人能保证现实一定会这样。为了相信骨头能够在实际用于战斗的时候发挥作用，穴居人必须控制自己和其他人的不确定感，以克服那些假设和其他所有的顾虑。

人们都倾向于维持现状。某种事物存在的时间越长，我们认为它越好。通常，穴居人和他的部落继续选择逃跑，并且找到更好更快的逃跑方法的可能性要高于采用新想法的可能性，比如用骨头作为武器。

换句话说，发现创意并不仅仅是注意到某个新的事物，还意味着要管理新事物是否真的能解决你的问题的这种不可避免的不确定感。任何一个创意都会有各种层次的不确定性需要处理和解决。首先，你必须真正理解**为什么**这个想法比现有的更好。然后你需要管理自己对于新想法能否在不同的情况下可靠运行的不确定感。当然，你还需要管理其他人在听到新观念时所感受到的不确定性。数十年的研究表明，人们不喜欢并且希望避免不确定性。

所以如果创意是不确定的，而我们又不喜欢不确定，那么当创意让我们感到不确定时，我们就会想要避开它们。我相信这就是变革性创新如此难以推进，从而成为创新链条中隐藏障碍的根本原因。

变革性创新可能会不可思议，但它们每天都在发生

你可能觉得变革性创新很少会发生，所以几乎不值得花时间去思考这个问题。你肯定对一些知名度高的变革性创新非常熟悉，比如基本上所有人都在用的 iPad（苹果平板电脑）和 Uber（优步，一款打车应用软件），而且这类产品和服务实际上并不是总能被大众接受。

乔治·梅森大学的马特·克罗宁教授和伊利诺伊大学香槟分校的杰夫·勒文施泰因教授在他们即将出版的《创造力技巧》（*The Craft of Creativity*）一书中，提到创意往往会看起来"不可思议"，就是因为它们要求我们对与之相关的最基本的假设和定义进行重新解释。

尽管变革性创新似乎很罕见，而且不可思议，但是它们可以并且确实每天都发生在我们生活的每个方面。这是因为变革性创新并不局限于我们使用不寻常的产品或物品。当我们改变自己对于一个过程、

一群特定的人、某个我们认识的人、我们自己，或者任何我们能解释的东西的定义时，变革性创新就会发生。

以一家非常成功，并且正在考虑扩大规模的皮肤科诊所为例。我曾经和兼任诊所管理合伙人的医生交谈过。他知道我的研究领域，所以当我们开始谈话时，他笑了。他说："我不确定自己是不是很有创造力。我还没考虑清楚要不要把纸质档案换成电子档案。"我挑起一边的眉毛，问道："你们大多数的竞争对手不是都使用电子档案了吗？"他笑着说："你知道，对我来说，换成电子档案会改变和病人的互动。诊所中护士打来的提醒电话会被替换成电脑生成的提醒短信。现在，当我接诊病人时，我会一边与病人交谈，一边浏览马尼拉纸制的病人档案。但如果我们的档案都变成电子的，那么我会坐在桌子前，一边盯着电脑，一边和病人说话。对我来说，这种变化实际上是在促使我重新定义自己经营诊所的方式。没错，很多诊所都已经电子化了。但这并不意味着我的诊所也能很容易做到。"

我想这位皮肤科医生所描述的也是许多商业人士的感受。当人们发现一个创意时，他们不得不将自己当前的认知与看起来不太可能实现，或者甚至与过去的行事方式相反的新认知联系起来。这意味着，即使其他人都认为某个想法很平凡，这个想法对你来说也可能意味着需要一次真正的变革性创新。

我们也可以在如何看待自己的问题上进行变革性创新。我最近指导了某家中型体育用品公司的一位首席执行官。他遇到一个大问题，那就是他的公司无法就任何的重要事项达成一致意见，而且产生了很多冲突，公司及其员工的效率越来越低。这位首席执行官将自己定义为希望所有人都满意的人，所以他决定不偏袒任何一方。公司就这样陷入僵局，每个人都不开心。

这位首席执行官将优秀的领导能力定义为帮助员工达成完全一致意见的能力，而将糟糕的领导能力定义为做出员工不认同的决定的能力。我指出正是这个定义困住了他。我告诉他，他的行事风格像个政客，并问这是不是他的本意。

这位首席执行官不喜欢我称他为政客，而且强烈反对我的说法，因为他认为政客毫无同情心，而他唯一的目标就是对员工表现出真实而诚挚的关心。然而，当他从下属那里收到同样认为他像政客的反馈时，他的态度发生了变化。他承认自己的定义有问题，之后我开始和他一起解决这个问题。我们重新定义他的角色，从"政客"转变为"父亲般的人物"（这位首席执行官感觉这样类比能更好地反映出他想扮演的角色）。"父亲"仍然可以照顾自己的"孩子"，而且即使在"孩子"有不同意见的时候，也能为他们做决定。这个类比帮助这位首席执行官完成了自我突破，他改变了自己的行事方式，并开始在面对冲突时做出艰难的抉择。

首席执行官角色的变化确实是一种变革性创新，而且这种改变始终都有可能发生在我们日常工作和生活的许多方面。由于变革性创新是一个心理过程，而不是一个有客观结果的理性过程，所以你是否会经历变革性创新并不取决于其他人的想法。事实上，变革性创新只取决于你的想法。当你改变行事风格，从旧的认知转变为新的认知时，变革性创新就发生了。

有时候你不需要经历变革性创新就能改善你的公司或者生活状况。回到穴居人的例子，你的部落一旦接受了利用骨头的想法，你就可以通过改进技术做出改变。你可以利用更大的骨头、边缘更锋利的骨头，或者不会轻易折断的更坚硬的骨头。这种改进对于保持竞争力是很重要的。但问题是，它不一定能为你带来明显的竞争优势。如果你希望通过变革性创新获取竞争优势，那么你需要确保它对整个行业来说都是新的。对于《2001太空漫游》中的穴居人来说，利用骨头作为武器能带来竞争优势，仅仅是因为敌对的部落还没有这样做。敌对部落如果也采用这个理念，挥舞股骨就只不过是一个常规做法或者必要动作，而不再是一种竞争优势。

在这里，我想说的是，所有的变革性创新都涉及某种创新，但并非所有的创新都涉及变革性创新。《华尔街日报》2012年发表的一篇题为"你把那叫作创新？"的文章把"创新"这个词描述成行话和陈词滥调。"创新"是一个很常见但已经失去其本意的流行词。哈佛商学院的克莱顿·克里斯坦森很好地解释了其中的原因。他说，企业进行的大部分"创新"实际上只不过是标榜持续改进的另一种方式，只有这样它们才能跟上竞争对手。

换句话说，创新可以在不打破你当前思维模式的情况下发生。

你可以通过提升速度、降低成本或增加产品的带宽来实现创新。创新可以包括在现有的定义范围内做出改变（通过执行机械化流程来进行改进等）。比如，你如果对捕鼠器的定义包括一个带有弹簧和奶酪的装置，通过使弹簧更硬或使奶酪更诱人来改进捕鼠器就不需要你打破自己的思维模式。

而进行变革性创新（即使这种改变似乎对其他人来说也很平常）始终需要你打破自己的思维模式，只有这样，你的行为才能与之同步。相反，你可以在不需要改变思维模式的情况下改变自己的行为（如选择使用一种更合理且高效的记账程序）。当改变需要创造力时，也就是从一种认知转换到另一种认知时，其所涉及的心理过程与不需要创造力参与的时候看上去完全不同。变革性创新比单纯的改变实现起来更难，也更复杂。即便如此，变革性创新也会一直发生。所以，如果你给它们机会，那么它们也会经常发生在你身上。

我们对变革性创新的偏见

为什么变革性创新是创新的隐藏障碍呢？它之所以会被隐藏，是因为我们喜欢创意。它之所以会被隐藏，是因为我们假定评估创意是一个有可知答案的理性过程。它之所以会被隐藏，是因为我们假设当我们需要创意时，我们只需要选择一些就好了。它之所以会被隐藏，是因为学者和实践者一直在致力于解决创意生成的问题及其固有的实现问题。

但你如果开始把变革性创新看作一个需要我们对打破自己当前思维模式时出现的不确定感进行控制的心理过程，就会看到完全不同的景象。也许尽管我们热爱创造力，但是我们也讨厌它。

要想看到这种情感上动态变化的全过程，看几乎任何一篇有关AI（人工智能）的文章都可以。学者们警告说，具有AI的物种将拥有比人类更高的智力水平，以至它们对待我们的态度可能会像我们对待蚂蚁的态度一样，它们甚至还可以不假思索地消灭我们。学者们也注意到AI可以帮助我们解决许多紧迫的问题。AI可以让我们变得更聪明，帮助我们活得更长（也许可以永生），并为我们提供解决突发问题（比如一颗小行星即将与地球相撞，或者极端太阳耀斑）的方案。如果你对科幻影片有所了解，那么你会很熟悉AI导致世界毁灭（《终结者》《黑客帝国》《太空堡垒卡拉狄加》等）以及AI为拯救人类而战斗（《星际穿越》、《终结者》续集等）的故事情节。

隐藏在所有智力玩笑和逻辑推理中的一个事实是，我们既为创意着迷，同时又对其感到恐惧。所有猜测背后进行的讨论都很简单，那就是我们想要容忍不确定性，或者我们不想。

问题是，我们一直在关注所有有关创意的理性论证，而没有真正考虑过我们不确定性的感觉会如何影响我们的"理性"评估。想象一下在处理完一次重大的创新失败之后，马上要决定是否为一个新创意提供资金，或者在被誉为创新高手之后，也要做同样一个决定的场景。这两种情况可能会分别以过于消极或过于积极的方式影响你下一个非常重要的决定。如果你不把这些强烈的感觉考虑在内，那么你在这一刻做出的决定不太可能是好的。

更糟的是，如果我们把变革性创新当作理性和可知的事物来处理，那么情况会怎么样呢？对于一些根本不可知的事情，你会采用哪种风险评估方法呢？一位高管曾告诉我，他基本上都是靠猜测。他说："我们评估创意风险的方式有点儿像转赌盘。"而另一位决策者告诉我，评估创意风险其实很容易。由于创意的失败率确实很高，因此他所做的就是把创意放在风险极高的"篮子"里。他还告诉我，创意如果出现在高风险的"篮子"里，就更有可能在最终决策者看到它之前被淘汰。

公司通常希望获得一系列风险不等的创意，所以它们只会投资一小部分高风险创意。到决策者真正坐下来决定要选择什么样的创意时，很多高风险的想法已经被低级别的决策者淘汰了。原因就是，没有一个低级别的决策者愿意因不断向管理层提出高风险的创意而被贴上盲目乐观的标签。

如果人们很难控制自己对于新想法是否有用这个问题的不确定感，那么他们能否只是有意识地决定在公司和生活中采用更多的创意呢？Z公司做不到。尽管Z公司的高管们热爱创造力，并且有大量的资源可用于这方面的投资，但创造力还是从他们的指缝中溜走了。

许多公司说它们需要有创造性的创新，却都没能实现。比如在

21世纪初，3M公司在几乎所有的"最具创造精神的公司"名单中都位列前十名。它生产了许多很棒的产品，如便利贴和透明胶带等。在21世纪头10年的中期，它还采用了强有力的全面质量管理流程，以改进其实施策略。如今，尽管3M公司继续将自己定义为一家创新型公司，但它的名字再也没有出现在任何曾称赞其创新能力的名单上。换句话说，3M公司已经展示出自己产生创意的能力，也提高了准确无误地实现创意的能力，但这二者都不足以让3M公司再次因创新而成为焦点。如果3M公司内部的员工、领导者和管理者缺乏对如何进行变革性创新的认识，那么即使3M公司的员工能提出新颖的好点子并将其付诸实践，这些好点子也无法产生任何影响。

换言之，以创造力取胜的确需要有人产生创意以及有效的实现。但是，你如果不努力去接受创意，仅仅拥有一个想法就不会给你带来多大的帮助。如果你的竞争对手拥有了一种更先进的技术，或者一种比你提供的产品更受顾客欢迎的产品，那么有效实现一个具体想法的能力或许对你也没有多大帮助。为了从创意中获得实实在在的竞争优势，公司管理者必须下定决心将创意付诸实践。

我们以为发现创意是很简单的——你如果需要创造力，就选择去实施创造性的解决方案。当然，这种方法是行不通的。这对Z公司没用，对3M公司也没用。那么我们还有什么其他选择吗？

我相信变革性创新是一项可以学习的技能，而不是一个无法控制的随机过程。正如你可以在某一特定领域（化学工程等）具备专业技能一样，你也可以拥有领导变革性创新过程方面的专长。如果你是一位领导者，那么学会如何接受创造力可以帮助你确定企业愿景，从而使你的公司朝着富有成效的新方向发展，而不是在不经意间接受一个会将你的公司带入非创造性破坏歧途的愿景。如果你是一位领导者，那么光是接受一个创造性的企业愿景还不够，因为你的员工可能会对变革性创新有偏见。领导者必须学会如何让下属接受自己的创造性愿景。此外，领导者仅仅鼓励下属发挥创造力也是不够的，领导者还需要构建能够识别、利用并落实大家提出的创造性解决方案的系统。管理变革性创新是一项关键的领导技能。当出现创造性的解决方案时，你不要被动地应对，然后拒绝接受（或者眼睁睁地看着别人拒绝你的创意），而应该主动地管理这个让创造力发挥作用的过程。

结　论

我们假设创意可以用我们评估常见想法的同一套指标和程序来进行评估。对于常见的想法，你可以评估风险，然后比较各种想法的风险评估结果，并选择最好的那一个（风险最小，回报最高）。但创意蕴含的风险是什么呢？事实上，根据著名的社会心理学家迪安·西蒙顿的说法，除非你是先知或巫师，否则你是无法知道的。

因此，变革性创新是创新链中的隐藏障碍，因为我们错误地认为自己喜欢创意，而且愿意真正接受它们。有很多行业都是完全建立在对于创造力价值的赞美之上的。但残酷的现实是,当我们试图用实际的数字来评估创意的未来价值时,评估的结果往往过于消极。这才是一个真正的问题。

但还是有一线希望的。既然我们知道采用某个创意的决定更像一个心理过程,而非理性过程,那么我们可以重新获得一部分对这类决策过程的控制权。我们可以学着推动创造性的变革。但要做到这一点,我们需要深刻地了解自己和一直阻碍我们选择让生活和公司变得更好的解决方案的心理障碍。

第 2 章

我们与创造力之间爱恨交织的关系

人们讨厌创意吗?

大多数人面对这个问题时,给出的答案都是一个响亮的"不"!企业高管会告诉你,创意推动了新产品及服务的开发,并且带来了能够节约成本的技术,从而提高了公司的业绩。学者们会告诉你,创造力是人类进步、企业竞争优势和科学发现的推动因素。艺术家、音乐家和其他创意人员会告诉你,他们以创造力为生,那是他们存在的理由。

事实上,如果你在谷歌上搜索"创造性",那么你得到的网页数量将远远超过 16 亿。这比你搜索"如何致富"得到的网页要多出近 10 倍,比搜索"幸福"得到的网页要多 4 倍!

如今,企业会在创意顾问、研讨会及相关活动上花费数百万美元。在有史以来最受欢迎的 20 个 TED 演讲视频中,**最受欢迎的一个就是**关于创造力的。IBM 公司最近询问了 1 500 位高管他们最想拥有的领导特质是什么，你猜对了，排在第一位的就是创造力。现在，企业创造力的话题已经变得非常普遍，以至《赫芬顿邮报》最近将《纽约时报》畅销书排行榜上有关创造力的商业图书都称为陈词滥调之作，而《大西洋月刊》则发表文章称"美国人崇拜创造力"。

我在创新领导力中心的同事杰夫·勒文施泰因、珍妮弗·迪尔和我曾进行过一项研究，内容是调查客户需要的产品特性。我们要求一家公司的多位**决策者**对 32 种新产品进行评价，以获取他们对这些产品能否赢利、是否可行或有创意等问题的看法。然后，我们要求**顾客**根据他们对每种产品的购买欲望对这 32 种产品进行评价。不出所料，我们发现**产品创意**（而非**赢利潜力**）是最能准确预测客户购买欲望的因素。

这种对于创造力的热爱正是我们所期望的，因为我们都希望我们的组织能有更多的创造力和更多的新想法，对吗？

未必。事实上，有越来越多的证据表明情况恰恰相反。

研究发现，对新想法的抗拒现象出现在各个领域：工作场所、学校、学术界、科学界、政府和我们的个人生活。而且由于创意有可能在很多方面改善我们的生活，所以当我们忽视它们而选择不太理想的更传统的解决方案时，我们往往会付出高昂的代价。例如，尽管数码摄影技术是由柯达公司的工程师史蒂夫·萨松发明的，但他的创意早在数码摄影成为行业标准和柯达公司的**非创造性破坏**（当时它由于一直以来对迎接数字时代的谨慎态度而宣告破产）之前，就被柯达的管理层放在文件柜里了。

在上面的研究中，我们不仅让决策者对32种新产品的可行性、创造性和赢利能力进行评价，还将这些评价与决策者是否真的实现了这些产品创意的情况联系起来。我们发现，决策者只会选择实现自己最熟悉和最可行的产品创意，也就是创造力水平最低的创意，即使它们最不招顾客喜欢，最高管理层也认为它们赢利能力很差（具有讽刺意味的是，就连决策者自己也这样认为）。

这表明，在选择创意的时候，发挥重要和关键作用的专家并不总是能做出正确的决定。但他们为什么会这样呢？这是只有决策者才会遇到的问题，还是更普遍，同时也可能更令人头疼的问题？

为什么我们会渴望创意但又抗拒它的这个问题很难研究，因为如果你直截了当地问人们有关创意的问题，很可能得不到一个直截了当的回答。在学术生涯的早期，我采访了许多人（医生、律师和高管等），询问创造力在他们的日常工作中发挥了什么作用。出人意料的是，最终的结果非但没有带来启发，还很令人费解。一家制药公司的经理说："创新？我又不是艺术家！我如果做一些特别古怪的事情，就有可能导致病人死亡，而公司将会因此面临一场索赔金额巨大的诉讼。"我听后这样回答："所以创造性真的不是你日常工作的一部分吗？"那位经理马上反驳道："这正是让我生气的地方。我必须有创新精神，如果我不去突破我们认知的界限，那么人们可能会死去。"

当我在一家通过创新战略开展市场竞争的《财富》500强公司，

询问创造力对决策者来说起到了什么作用时，对方的高管表示："我们想要的是那种能吸引广泛的用户，在生产上可行，并且符合我们的品牌战略的让人耳目一新的想法。"当我又问："那么创造力呢？"那位高管回应说："创造力？我不在乎产品是否有创意！我关心的是产品能否赢利！"

体现人们对创造力看法的最突出的例子来自苹果公司的一位高管，他说："让我用一分钟的时间扮演一下史蒂夫·乔布斯。为什么我要在乎想法有没有创造性呢？我只关心它们是否伟大！"

这些回答让我知道，工作中的人们不会直接告诉你他们不喜欢创造力。事实上，他们会更间接和谨慎地表达对创意的批评。他们会告诉你创造力太过模糊，很难衡量，因此让人感觉过于空泛，难以把握。或者他们会说，创造力虽然很好，但与实现他们的目标这件事无关。你如果深入研究一下有关日常决策最佳实践的学术文献，很快就会发现写这些文章的学者也不会提到创造力，而是会建议当你在做任何决定时，一个想法的**质量**是最重要的考虑因素（比如这个想法是否可行、是否有风险、能否赢利等），他们都忽略了创造力。有关创新的文献也一样。没错，你很难找到一本明确地将创造力与人们如何选择他们想要实现的新想法联系起来的关于创新的书。

以创新大师克莱顿·克里斯坦森为例，他的伟大想法之一是颠覆性的技术会破坏市场层级，因此你可能前一分钟还占据着市场领先位置，但当其他公司将一项新技术推向市场，使你的技术变得不那么重要时（比如在线电影流媒体使得DVD租赁市场几乎消失了），你就会被突然甩到中部或者后面。克里斯坦森常常将低成本视为颠覆性的一个关键特征，这也解释了他为什么预言iPhone不会产生颠覆性的影响。毕竟，第一代iPhone虽然质量好，但价格很高，而这两个因素与他认为会在市场上占据主导地位的技术都不相符。不过我们都知道，多年来，iPhone一直在完全颠覆并主导着便携式电子设备市场。

直到今天，我也不明白为什么克里斯坦森没有将创造力列入可以判断某项技术是否具有颠覆性的特征之中。当我和杰夫·勒文施泰因进行一项请数百名美国人提名创意产品的研究时，这一点尤其让我觉得无法理解。因为我们发现最常被提及的产品就是iPhone。

因此，尽管人们可能崇拜创造力，但他们似乎并不信任并怀疑创意，所以即使创造力明显与正在被解决的问题有关，也不会成为一个重要的考虑因素。让这个问题解决起来更加复杂的是，人们不喜欢公开承认自己讨厌创造力。

在我和我的研究小组——北卡罗来纳大学教堂山分校的席穆尔·梅尔瓦尼和康奈尔大学的杰克·贡萨洛——发表了题为"对创造力的偏见"（"Bias against Creativity"）的论文之后，我收到许多读者发来的电子邮件，并且感觉这篇论文似乎解释和验证了为什么他们自己的创意会被掌权者抛弃。但问题是，拒绝或不喜欢创造力的不仅是有权势的医生、教授、决策者或者老板，拒绝和不喜欢创造力的人也有你。

这个事实可能会让你震惊，因为毕竟你正在花时间读这本书，所以你一定很关心变革性创新，并且想推动它。然而我的研究结果表明，即使我们说自己热爱和渴望创造性，在某些情况下我们也可能会拒绝接受创意。也就是说，我、你、已故的史蒂夫·乔布斯以及其他所有人，甚至是那些对新想法的态度最为开明的人，都会在某些时候对创意产生抗拒。

那么，是什么情况使得我们以及我们生活、工作、家庭和团队中的决策者如此抗拒那些原本会以非常积极的方式改变我们生活的解决方案呢？

思维模式如何塑造我们发现创造潜能的能力

明星工程师罗伯特在一家积极鼓励创造力的公司工作，这家公司允许所有员工利用10%的时间试验新的想法，从而帮助改进公司流程。这正是罗伯特接受这份工作的原因之一，他喜欢解决新难题，想要在工作中感受到挑战。果然，他想出一个绝佳的创意，而且很确定这个想法会对公司产生重大的积极影响，于是罗伯特决定把这个想法介绍给在公司内部负责为创意研发提供资金的决策团队。

罗伯特穿着西服（这样对方才会把他当回事），还带着幻灯片和精心排练的5分钟演讲。他详细介绍了一项新的工程解决方案，而后者可以解决公司多年来存在的一个大问题。这个方案将要求公司以一种新的方式利用现有资源,尽管它很有吸引力,但组织中从未有人尝试过(不过其他行业已经采纳)。罗伯特的最后一张幻灯片展示了该方案虽然需要公司投资 100 万美元,但随着时间的推移,它可以节约越来越多的资金,预计在方案落实 5 年后,节约下来的资金将达到 5 000 万美元,可以说这是典型的曲棍球棒曲线。

决策团队的成员几乎不约而同地慢慢点着头,有几个人紧闭着嘴唇。"这是个有趣的想法,"一位决策者说,"但你怎么知道你能用 100 万美元解决这个问题呢?"

罗伯特清了清嗓子,详细解释了他是如何得出这个数字的。

然而,那位决策者对他的答案并不满意。那位决策者问:"你的结论有什么数据基础吗?"

罗伯特显得有些不安,坦白道:"在我们这个行业,还没有其他公司做过类似的事情。这是我尽最大努力推测出来的。"

另一位决策者抬起眉毛,说:"你有项目管理经验吗?我想,那种经验应该会帮助你准确地估算出这类费用。"

罗伯特挺起胸膛说道:"噢,我去年在工程部获得了最佳贡献者奖。"对方听完之后说:"那么意思就是'没有'了?"

"谢谢你,罗伯特,"又一位决策者几乎不耐烦地说,"我们想要并且需要新的想法来延续公司的发展势头,我们感谢你为此花费的宝贵时间。但遗憾的是,我们不能仅仅根据你做出的一些未经检验的假设就把钱花出去。"

罗伯特沮丧地离开了,然后马上和他的主管开了一次会,讨论从工程职位转到管理职位的事情。尽管罗伯特的主管对这一调动没有什么意见,但在做决定之前,她征求了其他经理对罗伯特领导潜力的看法。虽然普遍的共识是罗伯特看起来很有创新精神,但他在缺少概念验证的情况下申请100万美元投资款的事情让领导团队犹豫不决。有人说罗伯特太天真,缺乏领导经验。还有人认为他虽然很可能是一位优秀的工程师,但优秀的工程师往往不会成为优秀的管理者。他们说工程师倾向于把注意力集中在自己认为有趣的高成本工程方案上,而不是可行性更强但或许不那么有趣,同时更有可能节约成本的管理方案上。

罗伯特的主管认真地考虑了这些意见,并告诉罗伯特过几年等他积累了一些经验之后,再申请管理职位。于是愤怒之下,罗伯特开始准备简历,他觉得自己应该去一家创造力真正受到鼓励的知名公司,或者哪怕是一家初创公司工作。几个月后,当罗伯特从公司辞职,到竞争对手那里工作时,尽管他的主管很失望,但并不感到惊讶。

在这个例子中,罗伯特处于一种进退两难的境地。他知道自己无法获得可以百分之百证明一个从未尝试过的新想法会奏效的完美数据。罗伯特试图利用在他看来是"计谋"的方式影响决策者。他穿着得体,准备了幻灯片,还拥有作为优秀工程师的良好声誉和精心编制的体现他提议的投资将为企业带来可观收益的数据。他从当年早些时候参加的一个创意推销研讨会上学到了所有这些以及更多的技巧。但他也意识到，光做这样的准备工作还不够，他缺少成功秘诀中的一个关键要素。

在我们谈到这个缺失的要素之前，我们首先需要了解一个人的思维会对新想法是否被采纳产生怎样的影响。

思维模式是可以被你的性格或环境激发（或抑制）的一系列观念或者一种思维的方式。说到创造力，两种思维模式尤其有意思。

- **怎样／最好** 将评估者的注意力集中在找出最可行和最合适的选项，这种思维模式无法容忍不确定性。
- **为什么／有潜力** 将评估者的注意力集中在了解某个事物的未来价值上。这种思维方式对不确定性的容忍度更高。

抛开其他因素不谈，相对于一个实用的想法，纯粹的"怎样／最好"的思维模式会低估一个创意的未来潜力。因此，处于"怎样／最好"这种思维模式中的决策者会本能地拒绝接受新想法，而更倾向于维持现状。

在罗伯特的介绍会上，决策者显然处于一种"怎样／最好"的思维模式中，而这种模式正是他们从有关决策和创新的文献以及金融与会计类的课程中获得的。对于决策者来说，"怎样／最好"的思维模式是最佳选择！

从"怎样／最好"的角度来看，要解决的最重要的问题是，所讨论的想法是不是一个好的想法。在这种情况下,"**好**"被定义为直接可行且具有成本效益。有趣的是,这种解决问题的方法完全忽略了罗伯特试图要解决的实际问题。"怎样 / 最好"的视角并不关心所讨论的想法是否可以进行修改或调整从而解决问题,也不考虑罗伯特在未来是否有可能通过率领团队找到解决这个问题的其他办法,或者使目前的解决方案更加经济有效。

对于一个处于"怎样 / 最好"思维模式中的人来说,最终的目标并不是**解决**问题,而是**评估**讨论中的解决方案。但要想马上准确地评估某件事情,你需要做一个很大的假设,你必须假设被评估的想法不会被改变或改进。这个想法是**静态的**,或者说它就是这样。当然,这种方法的问题在于当涉及创意时,我们都知道这种假设是错误的。创意很有可能会被改变和改进,而经过验证的和常见的想法往往更为稳定。这也是"怎样 / 最好"的模式适合评估常见想法而不太适合评估创意的另一个原因。

当然,假设所有想法都静止不变的做法会让这类决策的复杂度和不确定度变得更容易控制。处于"怎样 / 最好"思维模式中的人往往希望能高效地做出决策。我和我的研究小组有证据证明,这也可能意味着,那些处于"怎样 / 最好"模式中的人在不确定的情况下做决定时,更有可能采用模式化或者非专业的观念。他们之所以会采用模式化的观念,是因为这样他们就能快速有效地对事物进行分类,从而在决策过程中付出相对较少的认知努力。

比如，一个也许会让你感到惊讶的事实是，罗伯特的曲棍球棒曲线并没有对决策者产生太大的影响。你可能觉得这表明决策者严肃认真地考虑了这个问题。但实际上，参加罗伯特介绍会的决策者利用了一种心理捷径。决策者对体现利润或成本节约额随时间推移呈指数级增长的曲棍球棒曲线非常熟悉，原因就在于，曲棍球棒曲线是推销创意最有效的方法。因此，对于决策者来说，看到曲棍球棒曲线是意料之中的，因而这并没有令他们印象深刻。所以决策者非但没有被这些数据打动，反而质疑罗伯特的数据是否可信。

为了弄清楚罗伯特的数据到底有没有意义，决策者使用了另一种捷径，他们对罗伯特本人进行了考察。对于决策者来说，关注创造者或理念倡导者的特点和品质是一种很常见的做法，因为这样可以降低围绕某个创意是否值得投资这一问题的不确定性。但是要留心处于"怎样/最好"思维模式中的决策者所关注的特征。决策者不太关注罗伯特的技术专长，也不关注任何关于他的想法是否能真的奏效并解决问题的细节，决策者观察的是罗伯特表现出来的关于他的成本估算是否准确以及他是否能够有效地实施解决方案的特征。

当想要快速评估我们不知道或不理解的事情时，我们经常会利用我们认为可以填补这种空缺的东西。我们也可能对特定群体所表现出的特征存有模式化的看法或者随大溜的观念。这些模式化的看法和观念源自我们与他人的交谈、媒体播报的案例以及与同事交往的过程。例如，我后来问过参与那次介绍会的其中一位决策者，为什么她会通过询问罗伯特是否有管理经验来考查他的想法。她承认,她当时刚刚参加完一个会议,在那里许多与会者(全都是大型组织的高级管理人员)都抱怨他们的工程师总是提出一些没有任何商业意义的高成本创意。她还提到,在罗伯特的演讲开始之前,她已经把这个故事转述给决策团队中的其他成员了。

所以从更宏观的角度来看,有关工程师没有商业头脑的刻板印象或观念是通过一个社会化的过程传递给决策团队的。在这个例子中,首先是决策团队中的一名成员与一个可信群体进行了互动,这名决策者因而意识到工程师缺乏商业头脑和经验。然后,这位决策者将这种观念传递给她所在团队的其他决策者,并在考查罗伯特创意的过程中应用了这种观念。

工程师罗伯特承认自己没有任何管理经验的事实在这些决策者看来,只是证实了那种模式化的观念是真实、强大且重要的。因此,这个公司很可能在未来继续应用这种观念进行投资决策。

我不想判断模式化的观念在原则上是对还是错。更确切地说,我认为这些模式化的观念有助于我们有效地处理充满不确定性的情况,而且处于"怎样 / 最好"思维模式中的人或许更有可能应用和依赖于模式化形象。总之,罗伯特的想法根本没有机会实现。因为罗伯特是一位没有管理经验的工程师,所以向这个决策团队推销新想法的事情从一开始就注定会失败。

罗伯特的方案之所以不被接受,还有一个更简单的原因。在

"怎样／最好"的思维模式中，不确定性是一个危险信号。而且更糟糕的是，"怎样／最好"的思维模式会让人们更加关注新想法不确定的所有方面。这种高度警觉意味着，处于"怎样／最好"思维模式中的人会立即瞄准任何创意的最大弱点，那就是还没有人真的这样做过，所以这个想法是未经验证的。决策者在看到你非常积极的预测后，会问一个特别合理的问题："你从哪儿得到这些数据的？"当你告诉他们这是完全根据假设得出的最好设想时，实际上你就是在告诉决策者，你的数据基于未知事件，而这正是处于"怎样／最好"思维模式中的人总是会避免，而且永远不会接受的情况。

处于"怎样／最好"思维模式中的人往往不会将新想法视为一种相对于现有方案来说更好且更可行的选择，因为在新想法是否会实现任何特定目标这个问题上，常常存在更多的不确定性。这种不确定性如果被认为是无法解决的问题（比如当我们希望展示有关任何未经尝试的创意的准确数据时），就会让人感到焦虑和恐惧，而人们总是尽力避免这两种情绪。

从决策者的角度看，这就是在没有"好的或者可靠的"数据预示未来的成功时，尽管拒绝接受罗伯特的创意可能会让公司错失获利数百万美元的机会，但他们还是会选择避免不得不向老板解释他们在一个注定失败的项目上花费100万美元的原因。

在推销创意时,理性说服无能为力

罗伯特的故事还有另一个值得注意的方面。当有关权力与影响力的文献所推荐的影响策略被用于推销创意时,我们得到的结果有时会适得其反。比如,罗伯特·恰尔迪尼和加里·尤克尔等专家可能会建议,人们应该依靠自己的专业知识和理性说服来推销一个新想法。然而,下面这个例子说明,在向一个处于"怎样/最好"思维模式中的人推销创意时,尝试进行理性说服反而会导致你不想看到的结果。

史密斯医生(为保护真实故事中人物的隐私,我们使用了化名)是一位胃肠病学家(专门研究胃肠道的医生)。胃肠病学家都接受过进行内窥镜或结肠镜检查的训练,这些检查消化道的程序可以让医生记录下任何异常情况(如息肉),而且如果有需要,还可以对它们进行切除。

史密斯医生很有进取精神,总是在寻找新方法来改善医院的病人护理状况。因此,她决定把一项革命性的新技术推荐给自己的导师格拉斯科医生。这项新技术叫作药丸相机,这是一种药丸形状的相机,在患者吞下后它可以拍摄患者的消化系统。史密斯医生知道格拉斯科医生最先考虑的是病人护理的安全性和质量,所以她决定在推荐药丸相机时着重强调这些方面。

史密斯医生告诉格拉斯科医生,尽管药丸相机所需的准备工作与结肠镜或内窥镜检查大致相同,但要安全得多,因为与内窥镜和结肠镜检查相比，它既不需要麻醉，也没有可能会损害患者器官的金属探针。不仅如此，药丸相机还消除了医生当场进行计划外活检的可能性（2014 年，内窥镜检查中的计划外活检导致琼·里弗斯死亡）。史密斯医生还明确提到，与传统的内窥镜和结肠镜检查相比，患者都表示更喜欢药丸相机，因为他们能实时看到扫描结果，而且他们可以通过录制好的扫描视频向其他医生寻求治疗意见。史密斯医生还指出，药丸相机获得了《华尔街日报》的创新大奖，并且拥有十多年的安全使用记录。

格拉斯科医生听完这番说辞之后，很自然地问道："如果药丸相机这么安全，而且远胜于传统手段，那么为什么没有得到更广泛的应用呢？我们的竞争对手并没有使用它啊。"

"喔，"史密斯医生说，"许多保险公司要么决定不承保，要么只为这项检查承保 200 美元。"

"为什么呢？"格拉斯科医生问。对此史密斯医生只是耸耸肩，然后摇了摇头，并没有回答。格拉斯科医生看着她说："保险公司会仔细审查所有的数据，所以我确信如果这项检查确实既安全又划算，它们会愿意承保的。但既然它们没有，我就不会考虑采用这项技术。有哪位患者愿意为一项保险范围之外的检查再多花 500～1 000 美元呢？"

"担心与内窥镜检查相关的健康风险的病人。"史密斯医生回答道。

"尽管有这种可能，"格拉斯科医生说，"但我们的资源有限，如果病人要求的不只是通过药丸相机扫描，就还需要做内窥镜和结肠镜检查，对吗？如果把药丸相机加入我们提供的检查列表中，就又增加了一个负担，因为我们的医生必须学习一些新的东西，而他们已经承担了太多的责任。这不行，我很抱歉，史密斯医生，我看不到这对我们改善病人护理状况有什么帮助。"

史密斯医生对这次谈话的结果感到十分惊讶。她没想到格拉斯科医生会拒绝药丸相机这个主意，因为在她看来，这是一件十拿九稳的事情。就在那一年的下半年，这家医院因在一次常规内窥镜检查中伤害了患者而被起诉，当史密斯医生在起诉自己的文件上签名时（在这类案件中，一个部门的所有医生都会被起诉，即使他们没有直接对患者进行治疗），她非常认真地考虑是否要辞掉这份工作。

与内窥镜和结肠镜检查相比，药丸相机明显是一种更好的扫描工具。因此，这是一种罕见的有足够数据肯定地证明新方案优于现有方案的情况。由于有太多支持这一方案的数据，所以直接的理性说服似乎是影响像格拉斯科医生这样的决策者最有效的方法。

请注意"怎样/最好"的思维模式是如何运作的。即使创意的质量已经得到相当程度的确认，也是不够的，因为对于一个处于"怎样/最好"思维模式中的人来说，在实现阶段总是有要考虑的其他方面，而且他们可能会突出强调任何新想法的不确定性。

任何对于一个组织来说很陌生的想法，在负责实现它的人看来都充满了不确定性，即使这个想法在外界看来既普通又平凡。我记得我和我们这里干洗店的老板有过一次谈话，因为他对于从纸笔记账系统到微软办公软件的转变感到不安。干洗店老板的担心并不是毫无根据的。他在实际操作中遇到很多他完全没有预料的问题。比如有一天，他的电脑为了更新 Windows 系统而自动关机，这导致他丢失了一些数据。很明显，他需要做更多的努力，才能让新的软硬件按照他需要的方式运行。

换句话说，对于处于"怎样/最好"思维模式中的人来说，一个想法或方案在**客观上**明显更胜一筹的事实，往往不足以保证想法或方案的实现，而体现一种方案优于另一种方案的客观数据，也并不足以让决策者不担心实现的问题。

那到底什么**才能**满足"怎样/最好"思维模式的需要呢？尽管我在本书的其他地方介绍了几种可能的解决方案，但现在我要说的是，尽管格拉斯科医生在决策过程中似乎很理性，而且条理清晰，但当你更仔细地审视他反对的理由时，就会发现它们不一定合理。也就是说，格拉斯科医生实际上并不知道保险公司为什么拒绝承保药丸相机，或者竞争对手为什么不使用药丸相机。他不知道患者在花钱做比传统方式更贵的药丸相机检查这件事上真实的意愿，也不知道他所在部门的其他医生是否会拒绝学习新的技术。

也就是说，他在没有通过收集数据来解决所有已知的未知的情况下拒绝了这一想法，事实上，他只是认为，竞争对手没有使用药丸相机这件事说明所有已知的未知都很可能表明，药丸相机并不是最优的。他的这种如果产品好，其他人就应该已经开始使用的假设，是一个循环论证，因此不合逻辑，这个产品之所以没有被广泛使用，是因为它仍然很新，从定义上来说，新产品当然是没有得到充分验证的。

那么史密斯医生是否可以通过收集所有的数据，并且更好地回答有关已知或未知的问题，使这次推荐变得更有效呢？也许吧。但以我的经验来看，处于"怎样/最好"思维模式中的人很善于想出各种各样未知的未知，也就是推荐或实现某个想法的人永远预料不到的反对意见。这就是"怎样/最好"思维模式的致命之处。

如果药丸相机在未来受到质疑，并对患者造成伤害怎么办？如果在部门里的所有医生都学会使用药丸相机后，另一种更新更好的技术出现并取代了药丸相机又该怎么办？如果制造商破产了怎么办？如果药丸相机数据的云存储遭到黑客攻击，导致患者隐私权被侵犯又该怎么办？围绕着药丸相机，有无数潜在的未知的未知。尽管针对这种拒绝创意的假设策略有一些好的反击方法，但为了驳斥那些担忧，它们并不一定要以大量的数据作为基础。

这也意味着，在向具有"怎样/最好"思维模式的人推荐变革性创新的时候，传统的通过展示良好数据来消除所有反对意见的方式可能行不通。在推销创意时，大量的数据可能既没有必要，也不足以说服决策者。有时候，大量的数据只会把一个具有"怎样/最好"思维模式的人逼到利用他们的假设策略来拒绝创意的地步。

此外还需要注意的是，格拉斯科医生的"怎样/最好"思维模式，对于他需要做的其他决定可能非常有效。例如，他在进行急救处理时就需要高效准确地采取可用的方案迅速解决问题。"怎样/最好"的思维模式非常适合需要迅速做出决定而现有的方案也足以解决问题的情况。

"怎样/最好"的思维模式实际上能否更准确地考查使用药丸相机的想法？毕竟，收集有关所有已知的未知（更不用说那些潜在的未知的未知）的数据是一项艰巨的任务，特别是格拉斯科医生还说在他的部门里，时间和其他资源都很有限。因此，从短期来看，"怎样/最好"的思维模式似乎才是正确地解决问题的方法。

当然，这种说法有几处严重的缺陷。首先，药丸相机的想法已经有了一个组织内部的拥护者史密斯医生，她暗中同意在自己的业余时间帮忙收集有关药丸相机的更多信息。遗憾的是，格拉斯科医生过分沉迷于自己的短期视角，以至看不到这样好的机会。其次，这家医院被一起重大诉讼缠身，随后还损失了数百万美元，这时为患者提供药丸相机这样的技术似乎是一个显而易见的选择。但由于这起诉讼，医院的现金储备进一步减少，这使得格拉斯科医生更不可能接受像药丸相机这样的新方案了。当涉及学习和接受新信息时，"怎样/最好"的思维模式真的会成为阻碍。

你可能对创意有偏见

我们已经看到在各种情况下,人们都很有可能对创意抱有偏见。但现在我要说的是,你呢?你有没有可能也对创造力怀有某些同样的偏见?

我们不妨以某所大学的工程学学生乔纳森为例。为了获得好的实习机会,并在毕业后找到好的工作,他需要取得一定的平均绩点。尽管他很有创造力,也能接受各种可能性,但当他走进伦理学课的课堂时,立刻就感觉很不自在。老师说这门课没有正确答案,只有思考同一个问题的各种方式,因此,这门课和仅有一种最佳方案的会计课或化学课完全不一样。每次上伦理学课,老师都会从无重点的讨论开始,然后延伸至不同方向。因此乔纳森并不清楚期末考试的具体范围。

在之后的课程中,乔纳森要求老师提供会出现在考试中的课堂讨论主题的具体大纲。教授给了他一份,但补充说,考试将要求学生进行创造性思考,所以他应整合主题并分析问题,而不仅仅是记住内容。乔纳森对这种考试方式感到不安和担忧,所以他问教授她所说的"创造性思考"是什么意思,并且希望她能通过一个明显的例子,说明这一点将如何在考试中得到体现,以及试题的评分方式。

教授告诉乔纳森,创造力的定义是创造可能有用的新东西的能力,作为实例,她和乔纳森分享了之前一次考试中她认为很有创造性的答案。教授强调说,这一次的考试题当然会不一样,而且没有评分标准，因为每个学生的答案都有可能不同。乔纳森现在非常担心这种考试，不知道该如何备考和学习。

果然，尽管他学习了考试大纲上的所有内容，但最后只得了一个平均分。因此他很生气，还迁怒于教授。毕竟，如果教授够好的话，她会为自己的学生提供更固定的结构。

相比之下，伦理学课堂上的另一名学生萨姆的学习方式完全不同。当萨姆听到教授说没有最佳的解决方案时，她感到很好奇，也很兴奋。她想知道为什么，所以课后总有一大堆问题要请教教授。到了师生面谈的时间，萨姆会和教授一起讨论自己的想法，并询问有没有其他的资料可供阅读，以便帮助她备考。在考试前，萨姆解决了一个研究问题，然后把她的答案交给教授征求意见，教授很高兴地向萨姆反馈了自己的看法。萨姆的这门课得了 A，而且她觉得自己在解决问题方面学到了一些新东西。

我们可以看到，乔纳森是用一种"怎样/最好"的思维模式来学习这门课的，因为他专注于寻找最有效的学习方法，试图用最少的努力获得一个好成绩。也就是说，乔纳森关心的是"怎样"，再具体一点儿，就是**怎样**学习以及考试**怎样**评分。乔纳森对考试的理解仅限于提供**最佳**答案，而且他会从准确性的角度来定义"**最佳**"，因为他认为准确性是取得高分的原因。他还很关心效率，他希望得到一份学习指南，这样他就能聚焦于跟考试直接相关的材料，从而获得高分。

相反，萨姆以一种"为什么/有潜力"的思维模式来看待同样的情况。萨姆想知道**为什么**，而且对这个充满可能性的世界感到兴奋。和乔纳森一样，萨姆也怀疑自己或许不知道答案，但她的不确定是以好奇心这种完全不同的形式表现出来的。和乔纳森不同的是，萨姆没有感到紧张和害怕，也没有不知所措。她没有考虑自己该怎样学习，而是集中精力弄清楚自己为什么不能完全理解这个问题。尽管萨姆和乔纳森一样，也在试图消除自己的不确定感，但她并没有纠缠于细枝末节，而是更广泛地阅读，并与教授进行讨论。对于乔纳森来说，不确定的感觉既消极又具有破坏性；而对萨姆来说，不确定性变成一种有助于她学习的积极因素。

"怎样/最好"的思维模式非常适合工作、学校或生活中所有存在正确答案，或者找到答案的方法是公式化且可预见的情况（比如用现有的公式解数学题）。"怎样/最好"的思维模式之所以会在这些情况中起作用，是因为这些情况存在一种能够有效、准确地解决问题的**可预见且可靠**的方法。

由于在各种情况下，"怎样/最好"的思维模式往往都能有效地解决问题，所以即使在问题不能或不应该通过可预见且可靠的方式进行解决的情况下，这种思维模式也会被过度利用和强化。高校等机构可以让"怎样/最好"的思维循环持续下去。虽然我们不知道在上文提到的大学里是谁开启了这个循环，但处于"怎样/最好"思维模式中的学生都渴望固定结构，因为这样他们能更有效地获得好成绩，并且降低不确定性。久而久之，他们就会认为，那些屡试不爽的固定结构表明这门课的教授"很好"。因此,教授晋升和终身职位评审很看重课程评估评级的大学,可能会无意中迫使教授采用一种更结构化的"怎样/最好"式的教学方法。这样,在学生们学习的课程中,就会有更多这种教授采用"怎样/最好"的方式进行教学,久而久之,学生们就开始期待这种方式,并据此对教授进行评价。

如果思维模式能够被我们的环境激活,就表明我们还有关键的一线希望。几十年的研究表明,通过在实验室里模拟我们生活中发生的一些重要事情,我们可以人为地让某人处于"怎样/最好"或者"为什么/有潜力"的思维模式中。社会心理学家称这种现象为"启动"(priming),也就是让实验环境中的实验对象完成一项会在短时间内激活一种特定思维方式的任务。事实上,启动效应就是乔纳森既有很强的创造力,又处于根深蒂固的"怎样/最好"思维模式中的原因,即我们在生活中遇到的情况可以引导我们进入其中任何一种思维模式。

但坏消息是,"怎样/最好"的思维模式有可能是特别矛盾的,因为处于其中的人即便认为自己需要创造力,也可能会拒绝它。我问过上述实例中那些拒绝接受创意的人(罗伯特介绍会上的决策者、格拉斯科医生等人),他们是否想要创造性的解决方案。所有人的回答都是肯定的,他们确实很需要。更具体地说,其中一个人表示:"我们的问题是根本找不到可以投资的创意。如果能找到更多创意,我们会为它们提供资金的。"另一个人插话道:"这里的工程师就是没有创造力。我的意思是他们如果确实有创造力,就会选择自己创业打拼,赚很多钱。美国商界的问题是,我们吸引来最稳定的劳动者,他们只想稳定地待在一个地方。所以你想改变这一切真的很难。"

这些回答对我来说意味着,在这些情况下拒绝接受创意的人并不知道或不愿承认他们实际上对创意持有偏见。每个人都认为自己是以一种可靠、理性和慎重的方式在行事,并且做出了正确的决定。所以我们又回到起点。即使你有可能对创意抱有偏见,也不想承认或者没有意识到这一点。如果你有这种拒绝接受创意的倾向,那么你很可能不会意识到自己或许正在赶走用创意来丰富生活的机会。更糟糕的是,你甚至可能会因为自己的生活缺乏创造性的解决方案而去责备他人。

面对现实吧,我们的生活很忙碌,而且我们总是试图努力弄清楚如何更有效地处理任务。让情况变得更加不确定的是,我认识的每一位社会心理学家都会告诉你,世界已经变得越来越复杂。信息更加唾手可得,我们现在比以往任何时候都拥有更多的选择。我们也比以往任何时候都更需要模式化的看法、观点和模式识别倾向,因为这些是认知经济和效率的基本组成部分。我们没有时间通过深入地处理和收集所有数据来做出每一个决定。不过这也意味着,即使"怎样/最好"的思维模式已经不再适宜,我们今天也比以往任何时候都更可能长期沉迷于这种思维模式,因为我们需要创造性的解决方案,而不是传统的解决方案。

根据我的经验,"怎样/最好"的思维模式往往非常适合处理主要涉及效率问题的情况(比如按时上班,为多项选择测试做准备,利用现有的流程实现某种方案或产品)。"怎样/最好"的思维模式很适合那些最佳方案可知的情况。然而,有时会出现需要创造性探索的情况,那么在这些时候"怎样/最好"的思维模式就不适用了。在另外一些情况下,效率问题会与新颖性问题产生竞争。这个时候,"怎样/最好"的思维模式会变得尤其不好对付;一方面它**似乎**很适合这样的情况,因为效率很重要;另一方面这种情况**也**需要创新性,因此纯粹的"怎样/最好"的思维模式是有问题的,原因是它会以一种过于消极的态度对所有想法的创新性做出不准确的评估。

事实上,你在读这本书的时候,可能会想,**赶快告诉我重点,我很忙,没有时间读完整本书!** 你如果脑子里有这种想法,就意味着你自己的"怎样/最好"思维模式正在被激活。

出于论证的需要,不妨看看如果我告诉你这本书的前面并不包含所有解决方案的综述(因为要接受变革性创新,你必须了解策略是什么,以及在何时使用),你会多么生气吧。这可能意味着你必须仔细地读完整本书。现在用 1～7 分来评定一下你生气的程度(1分表示完全不生气,4分表示不知道,7分表示非常生气)。你如果给自己的评分高于4,就表明你的"怎样/最好"思维模式已经被激活。这当然不是一种科学严谨的方法,而更像是帮助你搞清楚自己所处的思维模式的一个练习。在接下来的章节中我将提出,知道你目前所处的思维模式，或者更理想的是，能**塑造**你目前所处的思维模式是帮助你接受而不是彻底拒绝创造力的第一步。如果你认为自己可能已经习惯于用"怎样/最好"的方式来看待日常生活，我还会为你提供一些激活思维模式的练习和方法，以帮助你完成自我突破。

对于那些仍处于"怎样/最好"思维模式中并且希望尽快找到有效解决方案的人来说，关键是要注意，你接受变革性创新的方法并不是在具备"为什么/有潜力"的思维模式后继续前进那么简单。变革性创新是目前存在的最复杂的心理过程之一，学习起来非常困难。因此，没有任何一项生活技巧能单独地促成变革性创新。事实上，我会更详细地阐述在有些情况下，"怎样/最好"的思维模式实际上可能会**促使**你接受创意，而不受约束的"为什么/有潜力"的思维模式可能会导致你对新想法过分乐观。也就是说，由于变革性创新很难被人接受，而且实现起来难度更大，所以如果你花时间去学习如何促成变革性创新，那么你将拥有一项罕见而宝贵的技能，从而在竞争中脱颖而出。

但现在，重要的是你要理解这样一个基本概念，那就是尽管我们**讨厌**创意的不确定性，但我们也**喜欢**这种不确定性。因为有时它会勾起人的好奇心，从而激发我们的活力和兴趣，而这种状态通常出现在我们产生创意的过程中。

不过，当我们在评估一个不是自己想出来的创意能否解决我们的问题时，感受到不确定的方式会有更多的变数。我们可能既会对所有的可能性表现出期待和兴奋，也会对潜在的失败表现出焦虑和恐惧。这也意味着，当你向他人推销创意时，你可以让他们感到不确定、恐惧和焦虑，**也可以让他们变得好奇和期待**。你能否让自己或别人对某个创意产生期待而不是焦虑，可能会是你接受并推动变革性创新的关键。

决策者难道不是创意方面的专家吗？

评估创意如果是一个心理过程而不是理性过程，就能表明某些非常重要且特别积极的东西。即使是你的老师、首席执行官，甚至是决策者，也根本不确定你的创意是否会在未来的学习、安全或利润方面产生效果。事实上，目前还没有一种大家认可的能够可靠而精准地确定一个新想法全部潜力的方法。当然，这可能就是决策者不安感的源头。

这也意味着，如果一个决策者说你"幼稚"或"古怪"，或者明确地说你的新想法不会吸引其他人，他的表现可能就是因你的想法而感到焦虑后的一种防御反应。最好的一点是，这意味着在某些方面，你和那些有决策权的人是平等的。你和决策者处于同样的困境中，因为你和他都无法准确地预测未来。

在对这个问题研究了近 20 年之后，我逐渐认识到，专家、医生、决策者、父母以及几乎其他所有人在考查创意的未来潜力时，都是在困惑中挣扎的。当想法确实很新的时候（也就是你或者其他人之前从未提出或采用过这些想法），我们很难立刻判断其是否会在未来的某个特定情况下发挥作用。我认为，这种不确定性以及目前对于精准解决方案的迫切需求（"怎样/最好"思维方式的根源），是人们本能地蔑视创造力以及决策者认为一个想法是否有创造性与这个想法是否伟大、能否解决问题无关的核心原因。

第 3 章

悖论背后的科学

大多数人不会承认自己讨厌创造力。在美国，我已经问过上百人（包括企业高管、经理、工人和学生）是否认为创造力有价值。具体方式是我让他们从 1 到 7 给创造力在各自心目中的重要和宝贵程度评级，其中 1 表示一点儿都不重要 / 宝贵，4 表示不确定，7 表示极其重要 / 宝贵。

猜猜我发现了什么？在接受我调查的人中，有高达 95% 的人给出了不低于 5 的评分。几乎没有人给创造力的重要性评分低于 4。

接下来，我在主流刊物上对有关创造力的文章进行了集中搜索，结果没有找到一篇批评创造力是在浪费时间的文章，一篇都没有。此外，在我看过的数百篇媒体报道中，我只发现一篇批评创造力很幼稚或是被误导了。

我开始留意首席执行官对创新的评价，他们总是会用"竞争优势""战略优势""优于竞争对手的有利条件"这样的说法。事实上，我敢说你肯定找不到某位首席执行官告诉媒体"我们不需要创新，我们不在乎公司能否为客户提供有创意的解决方案"的例子。

如果你看过投资者报告、公司使命陈述和战略规划，就会发现其中20%～30%的内容都是关于创新的积极看法。你永远不会听到任何一位商业代表宣称，或者看到公司简报上说："我们这里不需要创造力——那并不是我们该做的事情。"

所以即使人们声称自己热爱创造力，我们也知道创造力只是存在于传说中的"独角兽与彩虹"。当你必须说服别人采用一个新想法并承担风险时，对方会突然失去对创造力的热情。我收到过很多专业人士寄来的电子邮件，里面写满了他们的创意被草率且残忍拒绝的各种方式。那么究竟是什么引起了所有这些对创造力的负面情绪？另外它们又为什么往往是隐藏的呢？

专业知识悖论

具有讽刺意味的是，我第一次意识到自己对创造力存有偏见是在我讲授一门关于创造力的课程的时候。我把班里读工商管理硕士（MBA）的学生分成几个小组，让他们参与一项常用于创造力实验研究的头脑风暴任务。具体的任务是让各小组围绕一个简单的纸板箱想出尽可能多的特殊用法。这类头脑风暴任务通常包括大约10分钟的创意生成环节，然后每组有5分钟的时间选择他们要向全班展示的最佳想法。

正如你想象的那样，当时我已经听说过从利用箱体材料制作高级服装到把箱子当作房子来居住的所有特殊用法了。所以，当一个小组提出他们的最佳想法时，我有点儿措手不及，他们对自己的想法感到很兴奋，而且刚一提出来，就问我怎么看。这个想法就是：一台太阳能烤箱。

当他们问我对这个创意有什么看法时，一件之前从未发生在我身上的怪事出现了，我脱口而出："一台太阳能烤箱？那根本说不通！"如果你像那天的我一样，曾经做过一些蠢事或者说过一些蠢话，那么可能也经历过我说完这些话后所做的事情。一切突然慢了下来，接着发生了三件事。第一，我的大脑问我，为什么我会直接公然表现出对这个想法强烈的消极反应。第二，我看了看所有学生的表情，那些提出这个想法的学生显得很惊讶、尴尬和不安，这一点可以理解。第三件事是，我原本想说句话缓解学生的不自在，但遗憾的是，这句话听起来更像是在评头论足："真的存在那样的东西吗？"

一名学生走上前，耐心地向我解释说，太阳能烤箱在印度常被用于烹饪食物，而且一般都是用纸板箱做的。但由于大多数美国人并不知道将纸箱当作太阳能烤箱的用法，所以这个想法既新颖又实用，符合**创造性**的定义。

我对自己下意识的抵触反应感到惊讶，也有点儿害怕。我居然公开批评了一个实际上很棒的想法，而且我是不自觉地、不假思索地用这种方式来回应一个我不知道的全新的东西。由于当时我还不知道对创造力的偏见是如何或者为什么发挥作用的，所以我没能把自己的消极反应变成一个学习重点，而是懦弱地放弃了讨论，转到下一个话题。

当我后来回想起自己的古怪行为时，有两件事让我印象深刻。首先，我在被称为"经验开放性"的人格维度上获得了极高的分数，而这个维度衡量的是一个人接受新想法和愿意探索新想法的总体趋势。所以我无法理解，在理论上高度开放，并且研究和热爱创造力的我居然会对创造力产生这样下意识的偏见。其次，我的反应是如此消极，而且发生得如此之快，以至我当时几乎无法控制它。

当我在思考是什么导致我对创造力产生了偏见的时候，我对学术文献进行了深入钻研，试图找到答案。但遗憾的是，深入钻研的结果让我感到非常沮丧。学术界都认为，专业知识是评估创意的关键。因此，按照这个标准来看，我作为创意方面的专家，应该非常擅长自己已经模拟了无数次的创意评估，对吗？但显然我并不是这样，于是我怀疑是不是自己出了问题。

我想，或许评估一个**有创造性**的想法和评估一个**常见**的想法是两种不同的任务。在评估一个常见的想法时，专业知识可能确实很有意义，在这种情况下，真正的专业知识其实是非常关键的，但专业知识是否会提高评估和接受创意的难度呢？

每个领域的专家都会在判断上犯灾难性的错误。惠普公司拒绝了斯蒂夫·沃兹尼亚克有关 Apple II（第二代苹果电脑）的粗略构想，沃兹尼亚克因而辞去了他很喜欢的在惠普公司的工作，转而为苹果公司工作。Def Jam 唱片公司将 Lady Gaga 从其艺人名单中剔除，而如今后者已经成为超级巨星。史蒂文·斯皮尔伯格向南加州大学电影艺术学院提出的入学申请被拒绝了不是一次，而是两次。苏斯博士的第一本书因为过于"愚蠢和与众不同"，被 27 家出版商拒绝。

当安德烈·海姆和康斯坦丁·诺沃肖洛夫第一次提交他们长达 3 页的有关石墨烯（一种新型碳基材料，据说导电性比硅更高，而且重量更轻）的论文时，著名科学杂志《自然》拒绝了他们，原因是其研究成果不属于"真正的科学进展"。这篇论文最终在《科学》杂志上发表，而海姆和诺沃肖洛夫获得了 2010 年的诺贝尔物理学奖。《自然》杂志的编辑在决定该发表或拒绝哪些论文方面无疑是专家，但在这件事上，他显然犯了一个大错误：拒绝了不该拒绝的论文。

这些创意被专家拒绝的例子（类似的事情还有很多）并不是偶然的。一项研究在对 3 种最知名的医学期刊进行调查后指出，这些期刊经常拒绝发表突破性的论文，而倾向于发表新颖性和影响力都较低的论文。事实上，这项研究还发现，在当时发表的 14 篇最重要的突破性论文中，有 12 篇被这 3 种期刊拒绝发表。这意味着编辑们在看了全部 14 篇具有突破性的论文后，非常不喜欢其中的 12 篇，以至不愿意将它们发送给审稿人以便进一步研究，而这种常规模式已经被重复了很多次。另一项研究则发现，即使是高质量的创意，被拒绝的可能性也很高。在我的研究领域内有一篇论文提到，大多数内容新颖的论文都被一家著名的管理学杂志拒绝了，这一发现得到充分证实：连这篇论文也被拒绝发表，理由是其不属于"真正的科学贡献"。

专家们在评价创意时是否会陷入困境？科罗拉多大学博尔德分校的劳拉·科尼什和沃顿商学院的卡尔·乌尔里希从一家名叫 Quirky 的公司收集了数据。Quirky 公司的商业模式是鼓励人们提交新创意，给自己喜欢的创意投票以及就具体创意的开发决策进行投票，被认可的创意将在公司网站上进行商业化销售。研究人员从 Quirky 公司的网站上选取了一些创意作为子样本，然后让由 7 位专家组成的小组和一群普通的消费者根据创意的早期模型评估自己的购买意向，结果让他们相当吃惊。

首先，专家们的意见并不一致。其次，尽管专家们评估的结果完全不能预测产品销量，但普通消费者的评估结果却可以。事实上，4 位消费者的评估结果对产品成功的预测性和 4 位专家的评估结果是一样的。你只需要掌握 20 位消费者的评估结果就可以得到比专家更强的预测能力。另一项研究发现，约 40 位独立观影人组成的团队在预测未来票房收入方面的准确程度要比由 30 位专家组成的小组高得多。这表明，不管专家的知识多么渊博，他们也不一定能因此准确地评估新事物。

佩奇·莫罗、唐纳德·莱曼和亚瑟·马尔克曼进行的一项研究发现，胶片技术专家对于数码相机（在 1999 年开展这项研究时还是一种新技术）产品生存力的评估结果比外行要低。此外，胶片专家还认为，一款增加了新设计元素的相机（采用新型闪光灯技术的胶片相机）具有很强的可行性，而外行认为改进后的相机没有什么价值。

另外一项研究发现，经验丰富的风险资本家做出的投资决策比不上那些经验一般的人。还有一项研究显示，风险资本家对企业早期生存力的评估并不能预测这些企业是否能长期存活、发展，或者取得巨大的成功。

怎么会这样呢？编辑、教授和企业高管都是专家，他们的工作就是发现创造性的机会。那么，为什么专家会在变革性创新方面如此频繁地失败呢？

专家为什么不擅长评估创意

专家怎么会在原本应该善于发现创造性机会的时候没能起到应有的作用呢？专家不是应该对自己的研究领域非常熟悉，从而可以很容易地挑选出新的想法，并考查这些创意是否有用吗？

彼得·蒂尔在其著作《从0到1》（Zero to One）中，似乎对这一观点表示了赞同。根据蒂尔的说法，真正的创新理念（innovative ideas）[和大多数创新大师一样，他并没有用"creative"（创造性的）这个词] 是全新的，也就是说它们是从0（从未存在）到1（存在）。蒂尔认为，一个产品从版本1发展到版本2，甚至从版本2发展到版本3的变化都不是"创造性的",也不是对过去彻底的背离,因为它们只是对现有产品进行改进。因此,按照这个逻辑,如果我们试图辨别一个想法是否具有创造性,那么在0这个领域的专业知识应该会帮助我们挑选出1,对吗?

佩奇·莫罗和同事们在研究中发现,专家会以自己对0(胶片等)的知识为参考点来评估1(数码技术等)。专家对于数码相机不需要暗室、高速感光胶片和特殊曝光感到担忧。对于胶片专家来说,这些东西是产生高质量相片的基本要求,而问题在于,当你使用**数码**相机时,这些都不是拍出高质量相片要满足的基本要求。尽管外行可能根本没注意到这一点,但专家会敏锐地意识到二者的差别。

对于专家来说,一件新产品如果不需要任何大家公认的对产品质量至关重要的基本特性,它可能就是有问题的,而且质量也不好。换句话说,专家会以自己擅长的领域为参考点,来判断一个想法是否具有创造性的特征。这种做法是有问题的,因为创意可能并不适合现有的样式或模板,而这正是它们具有创造性的地方(比如数码相机不需要暗室),而相比之下,那些不了解胶片的外行则认为数码相机很棒。

具有讽刺意味的是,在评估一个常见的想法时,对参考点的充分了解会产生奇妙的作用。你如果是一位机械专家,就很可能知道如何评价一辆1969年福特野马汽车的发动机。你非常确切地知道参考点(一台完美运行的1969年福特野马汽车发动机)的样子、声音、感觉，甚至气味。因此你会知道，任何偏离参考点的地方就是你需要解决的问题。

在评价创意的时候，情况则不同，当它的特征与基本参考点差异很大时，我们就更不可能知道该如何评判它的质量了。如果一个想法确实很新颖且与众不同，那么即使是专家也几乎没有使用、理解或思考这个创意的经验。因此在评估新想法时，专家有效利用参考点的能力比不上他们评估**常见**想法的时候。重要的是，专家还知道更多外行**不知道**的东西，也就是未知的未知（相机没有暗室的话，相片质量会发生什么变化？）。这意味着，当你评价新事物时，你的专业知识只会起到一个作用，那就是让你知道你对眼前的新事物一无所知。

这或许可以解释为什么成功的创意（也就是通过专家考查并得到认可的创意）往往与现有理念的结构非常相似。例如，第一辆铁路客车是参照没有马的驿站马车的样子设计的。《2001太空漫游》中发现如何将骨头用作武器的穴居人也是一个例子，他完成了人类历史上最具突破性的一次创新。穴居人之所以能看出他此前对武器的定义（他的拳头）与新定义（骨头）之间的联系，是因为他把骨头看成一种不同的拳头。当人们评估一个创意时，他们要找的是那种自己熟悉的新奇要素，而导致这种现象的一个原因可能是，专家在评估新想法时要应对的不确定性比外行更高。因此，降低这种不确定性的一种方法就是在新事物中找到熟悉的东西。

在特雷莎·阿玛比尔早期的著作中有一篇阐释了专家为什么会贬

低创意的精彩论文。她在实验室里进行了一项研究，让受试者阅读正面和负面的书评，然后评估每位书评作者的智力水平。她发现，受试者认为负面书评的作者比正面书评的作者更聪明。这意味着，当专家对新事物持批评态度时，得大于失，而如果他们接受了新事物，失去的会更多。

换句话说，我们不会仅仅因为一个东西和 0 不一样，就认为它是 1。我们评估创意的过程根本不会是从 0 到 1，而是从 0 到一个完全不同的 0（比如字母 O）。我们之所以会发现创意，是因为它们不同于我们的参考点。**但这种差异的质量是关键**，它必须符合我们对于创造力的认识。差异不能太大，因为这样的创意太过陌生，甚至可能很奇怪。差异也不能太小，因为这样的创意既无聊又微不足道。这种差异不仅要足够大，还要对我们来说足够熟悉，只有这样我们才会把它归为创意。

我们与创造力之间爱恨交织关系的本质

发现创造性机会的关键在于**匹配**。当某些东西符合我们的定义时，它就不再是不确定和不安全的了。这意味着匹配这种心理体验会影响我们的感受。人们喜欢这种匹配的感觉。当世界看起来和我们预期的完全一样时，我们会感到安全，因为没有理由害怕。匹配预期的需要会影响我们对颜色样本、绘画和音乐的喜好。相反，当世界不符合我们的预期时，就意味着某些地方出错了。

当面对创意时，我们很难有这种匹配的感觉。创意显然不会完全契合现有的样式和模板。出于这个原因，我们很难知道新想法是否有用和可靠等等。所以当你评价创意的时候，不太可能会有这种匹配的心理体验。这就意味着，通常人们都应该不喜欢创造力。但在我调查的人中，几乎没有一个人是这样的。当我把这件事告诉特雷莎·阿玛比尔时，她问了一个很尖锐的问题："为什么人们还会说自己喜欢创造力呢？"

为什么人们会如此痛快地承认自己喜欢创造力，而不愿意承认自己讨厌创造力呢？我们知道大多数文化都极其推崇创造力。孩子们在小学里学习美国文化和历史时，会接触到勇于反抗、敢于探索、在美洲开创新世界的坚毅拓荒者的形象。而且事实上，美国的诞生就是一个获得知识自由和思想自由的故事。美国文化的一个主要特征是强调个人主义，也就是一个人在多大程度上会被看作与众不同的个体。因此，如果美国文化重视独特性，而独特性又是创造力的一个显著特征，那么说你热爱创造力可能就和说你热爱美国一样，是一种社会责任。

而且，人们往往都喜欢**自己**的创意。人们认为创造性的过程是快乐的、吸引人的、有趣的、有意义的和富有挑战性的。我曾经研究过的一家公司每周会给员工一定比例的自由时间，让他们探索自己的新想法。一位员工把这项政策描述为"一种特殊待遇，就像让你暂时摆脱每日的单调乏味，在脑海里度个假一样"。

此外，有很多证据表明，当我们为某件事贴上创造性的标签时，就意味着我们喜欢它。杰夫·勒文施泰因和我发现，美国人和中国人都说创造力不仅让他们感到快乐，也让他们充满敬畏。有证据显示，当人们认为产品有创意时，意味着他们产生了购买欲。当高管们认为某件事有创意时，就会出现有说服力的标准来支持并让他们选择这个想法。

尽管有利于创新的标准确实发挥了很大的作用，但我们也知道，新创意的失败率很高。它们很容易出问题，并且很少能在你第一次尝试时完美地运行。相对于那些常见的想法，我们并不是很了解新的想法，而通常人们都不喜欢这种不了解的状态，所以人们也会出于很多理由不喜欢创意。由于创造力会让我们感觉很糟糕，但我们又想通过说创造力很伟大来坚持文化规范，所以我们会陷入困境。我们的大脑可以通过两种方式解决这个问题。

当世界说我们不该有怨恨情绪的时候，我们就想把它们隐藏起来。我们可以通过简单地假装喜欢某样东西来隐藏这种情绪。我们也可以对自己隐藏负面情绪。我们会真正地认为自己喜欢某些潜意识里讨厌的东西。曾与我共事的一位领导自愿担任了一个积极推动女性在组织中发展的委员会的主席。我相信他是真的希望增加女性领导者的数量。然而奇怪的是，在一次晋升时，这位领导没有选择一位资历很深的女性，而是聘用了一位资历较浅的男性。这让我明白，尽管他确实对女性抱有积极而真实的尊重，但他可能下意识地认为相对于工作，女性更适合家庭生活。

有充足的证据表明，我们潜在（或未表达）的想法可能与我们外显（或表达出）的想法有很大的不同，这在一定程度上是因为存在着强大的社会规范和行为规则，而这些规范会决定我们想把哪些想法告诉他人。

对创造力的偏见是否与我们对某些群体的偏见差不多呢？正如人们对某特定社会群体既可以表达出真实的积极情绪，也可以表达出强烈的消极、含蓄或未被察觉的情绪一样，我们是否能对创造力怀有强烈的积极情绪，而另一方面把自己的消极情绪隐藏起来，从而不违反社会规范呢？

当我的同事席穆尔·梅尔瓦尼、杰克·贡萨洛和我第一次寻找人们对创造力的偏见时，我们很怀疑自己能否在大学生中找到它。因为我们觉得千禧一代很喜欢创造力。

我们是对的。进行第一轮研究时，我们发现千禧一代很喜欢创造力，而且这种喜欢既明确（他们告诉我们的）又含蓄（他们的反应时间告诉我们的）。我们利用了一种通常用于研究种族偏见的反应时间测试——内隐态度测试（implicit attitude test，以下简称 IAT）。IAT 侧重于评估对于单词或概念配对的自动反应。因此，IAT 的结构使得参与者很难做出虚假的反应，或者以一种符合社会规范的方式来表现自己。

我们围绕创造力构建 IAT 的方式是让与创造力相关的词语和与实用性相关的词语进行对抗。我们会要求受试者将这些词与表示好（如"和平""蛋糕""天堂"）或坏（如"腐烂""呕吐""地狱"）的词配对。结果千禧一代将与创造力相关的词语和"和平""蛋糕"等词语配对的反应时间更短，而将与创造力相关的词语和"腐烂""呕吐"等词语配对的反应时间更长，这表明他们对创造力有着一种含蓄的喜爱。

但并非所有的学生都喜欢创造力。我们在研究各个本科专业显性偏见的平均表现时发现，工科学生明确表示自己喜欢创造力。但在进行隐性测试时，工科学生将与创造力相关的单词和"腐烂""地狱""呕吐"等词配对的速度要快于和"和平""蛋糕""天堂"等词配对的速度。事实上，他们更倾向于把与实用性相关的词语和"和平""蛋糕""天堂"配对。总之，我们发现的第一个证据表明，人们虽然会说自己喜欢创造力，但相对于实用性，他们含蓄地表现出对于创造力的负面感受。

你可能会怀疑，与其他专业的学生相比，那些选择进入工科专业的学生在个性上是否经验开放程度较低，从而更不容易接受创意呢？这是一个很好的问题，于是我们在研究中，要求受试者填写一份评估经验开放性的问卷，但从统计角度对经验开放性进行控制并没有降低工科学生对创造性潜在的厌恶程度。

我们团队的总体看法是，偏见是可变或可塑的。也就是说，偏见不是人们有或没有的一种特质，而是情境（比如某人的专业选择）能够唤起的某种反应。

我们做的第一个实验是让一组受试者完成冒险的实验任务，而另一组受试者作为对照。在对照组中，受试者只需要填写与研究无关的问卷，而在实验组中，我们要求受试者通过按一个按钮给电脑屏幕上的气球充气。每次在他们按下空格键时，两种可能的结果会出现：一种是气球变得更大，这样他们会获得更多的现金奖励；另一种则是气球爆炸，这样任务就结束了，而且他们什么也得不到。在实验组进行这项任务后，我们告诉受试者不管他们表现如何，我们都会随机指定一人获得现金奖励。然后，两个组（对照组和实验组）都按要求完成了外显和内隐态度测试。

参与实验的所有人（不管是哪个组）都明确表示自己喜欢创造力。也就是说，我们问受试者："你重视创造力吗？"他们说："是的。"但是当我们看到反应时间测试的结果时，情况则完全不同。在对照组中，所有人都将创造力与"和平""蛋糕""天堂"联系在一起。而在实验组中，感到不确定的受试者将创造力与"腐烂""呕吐""地狱"联系在一起。我们发现，就像人们可以对某个社会群体中的人表达出积极的尊重，同时会对这群人怀有强烈而**含蓄**的负面情绪一样，尽管反应时间测试显示受试者将创造力与"**腐烂**""**呕吐**""**地狱**"等词语联系起来，但他们对创造力仍表达出强烈的正面情绪。

我们还想展示一下人们对于创造性的隐性偏见会如何改变他们

评价创意的方式。于是在第二个实验中，我们直接控制了人们对不确定性的容忍度。我们将受试者随机分成两组，并分别让他们写一下有关**"所有问题都只有一种正确的解决方案"**（这是**无法容忍不确定性**的第一步，也是"怎样/最好"思维模式的首要表现）和**"所有问题都有一种以上的正确的解决方案"**（这是**容忍不确定性**的第一步，也是"为什么/有潜力"思维模式的首要表现）这两种说法的内容。随后，我们让受试者接受创造性内隐态度测试，并对预先测试中显示出极高创意水平的一个想法（一种利用纳米技术调整织物厚度以减少水疱的跑鞋）进行评估。

那些被"怎样/最好"思维模式引导的人尽管明确告诉我们他们喜欢创造力，却含蓄地将创造力与"**呕吐**"等字眼联系在一起，并且不看好跑鞋的创意，而被"为什么/有潜力"思维模式引导的人也告诉我们他们喜欢创造力，不过他们会将创造力与"**蛋糕**"等词联系起来，而且对跑鞋创意的评价很高。

综上所述，我们所发现的不仅仅是前期研究已经证明的人们不喜欢新奇。事实上，我们发觉人们不管从外在还是内心都是崇尚创造力的，除非他们感到不确定。当他们感觉自己无法容忍不确定性时，尽管他们仍然不会马上公开承认自己不喜欢创造力，但他们的反应时间表明他们对创造力抱有自发的和可能无意识的负面联想，这导致他们对创意的评价很低。当用一种"怎样/最好"的思维模式看待世界时，我们就会陷入这样的困境。

这对你意味着什么呢？即使你、你的老板或你的同事都说你喜欢创造力，但你也可能讨厌创造力。我们对创造力的负面情绪很难对付，因为我们并不承认它们的存在。事实上，我们的负面情绪可能更像一种自动甚至是无意识的反应。换句话说，你可能并没有意识到自己对创造力抱有负面情绪。

为什么你的好想法会被拒绝？

如果你正在读这本书，那么很有可能你已经想出一些创意。由于人们倾向于对创意产生不确定的感觉，所以你的想法可能至少被拒绝过一次。如果这样的拒绝让你很受伤，那么可能是因为对方是一个负责把关或有决策权的人。我们非常在意把关人是否接受我们的创意。只有在决策者同意的情况下，我们的想法才有可能对整个组织产生影响。当把关人表示同意时，越来越多的人就能看到、用到并评估我们的想法；而当把关人拒绝我们的创意时，我们只能要么找另一位把关人，要么把自己的创意放进文件柜，从此再也不轻易示人。

组织会雇用把关人来协调如何就创意的开发和实现进行资源分配。许多组织都有控制哪些想法将得到资助而哪些不会的指导委员会。比如图书出版商都有决定哪些书可以出版而哪些书不可以的组稿委员会。

大多数组织都会雇用发挥把关作用的人来管理它们的创新方式。比如，产品开发公司可能会设置一层又一层的关卡。我曾工作过的一家公司为了让一个想法获得通过，员工必须先向自己的经理汇报这个想法。如果经理认可，那么这名员工需要向由高级经理组成的指导委员会汇报这个想法。如果指导委员会也认可，那么员工还要向监管人员（比如法务部门）介绍这个想法。如果监管部门同意，员工就获准制作样品。样品制作完成后，要把整个决策链从头再走一遍才能获得批量生产该产品的许可。

从这个例子中你可以看出，决策者是确保我们的想法不会夭折的关键，但如果决策者本身就有问题会怎么样？把关人或决策者的存在是否会破坏对于创意的认可？抛开人们的认知水平不谈，如果引入决策者导致人们采用一种"怎样／最好"的思维模式，从而降低了创意的价值，那么又会怎么样？

对于这些问题，席穆尔·梅尔瓦尼、杰夫·勒文施泰因、珍妮弗·迪尔和我都很想知道答案。我们招募了一些商科专业的本科生，并把他们请到实验室。我们向参与者播放了一段视频，视频中一位教授描述了一个尝试让学生们参与创意竞赛的新想法。我们随机指派一组参与者担任决策者，而将剩下的人作为对照组，后者只需要对创意进行评估就可以了。

我们告诉担任决策者的学生，他们要对创意是否被批准进入下一阶段负责，他们还要对自己的评估质量以及资金如何使用负责。而对于对照组，我们告诉学生们，总体上说，他们的评价将决定一个创意是否会被推进到下一阶段。

然后，我们让所有的参与者（包括决策组和对照组）对一个创意进行评估。我们选择的这个创意很有意思，叫作"尿布屋顶"，也就是不再将脏尿布直接扔进垃圾堆，而是将其彻底消毒后制成颗粒状，然后当作屋顶材料来使用。所有人了解到的创意内容大致就是这些，只有一点儿小小的例外，那就是我们加入了被一些人称为**业务可行性数据**，或者甚至是**虚荣指标**的内容。虚荣指标会展现出一个群体中认可某创意的人数（比如已注册用户、原始页面浏览量、下载次数等等）。一半的参与者会被告知"尿布屋顶"的创意在Facebook（脸书）上获得了2.2万个赞，而且在一次为期30天的宣传活动之后，众筹网站平台Kickstarter上78%的人都申请了投资。另一半人则被告知，在30天的活动之后，Kickstarter上只有22%的投资人愿意出资，而其在Facebook上只获得了31个赞。

我们会发现什么呢？

首先，与对照组的参与者相比，决策组更多的参与者处于"怎样/最好"的思维模式中。此外，当"尿布屋顶"的创意在Facebook获得了很多赞，而且吸引了众多Kickstarter的投资者时，处于"怎样/最好"思维模式中的决策者会认为这个想法极具创造性，但如果它没有获得太多的赞，他们就会觉得这个想法不是很有创意。然而，在对照组中，不管Facebook的点赞数是多少、投资者是否愿意出资，大家都认为"尿布屋顶"的想法非常有创意。有趣的是，决策者并不认为获得大量 Facebook 用户点赞和投资者青睐的创意比拥有较少的赞和资金的创意更有潜力，他们认为前者只是更有创意而已。我们在一家《财富》500 强的大公司里以包括首席执行官在内的人员作为实验对象，用另一个创意进行了一次实验，我们得到的结果是一样的。

从定义上讲，创造性的想法和已经被范例证明的人们熟悉的想法看上去是完全不同的。创造性的想法通常不会占有大的市场份额，也不会吸引很多投资者的关注，更不会在 Facebook 上得到许多的赞。原因有很多，首先，创造性的想法有时还处于初期阶段，需要经过一些开发或调整才能吸引消费者。其次，这些想法可能还没有找到合适的受众。而且，正如我将在第 5 章中讨论的那样，开发人员虽然可能有一件很棒的产品，但还不知道该如何恰当地将其推销给消费者。

这个领域过去认为，由于创造性想法往往太过新颖而很难被人们接受，所以决策者左右为难。决策者可以选择一个具有创造性的想法，同时承担这个想法一旦失败自己就会名誉扫地的风险，他也可以选择一个风险较小但很可能无法解决问题的常见想法。

只是我们发现，决策者并没有真正陷入困境。他们最初甚至不认为社会认可度低或虚荣指标差的创意具有创造性。只有当创意被高度认可时，他们才会看到创造性的机遇。

你可能觉得这很合理。如果创意受到高度认可，它们不就成功了吗？事实上，我们了解到众筹网站平台 Kickstarter 上的投资者在投资一个创意时可能并不是因为这个创意有多好，而是因为存在一个很棒的投资者激励机制（比如，你如果投资了一定的金钱，就会得到一件很酷的 T 恤）。此外，你只需要支付少量的费用，就可以**买到 Facebook 上的赞**，这些指标很容易被糊弄和伪造，这也是它们被称为虚荣指标的一个原因。因此，尽管这些指标通常与产品最终能否赢利无关，但对于决策者来说，它们都意味着产品具有创造性。而且这些指标对于决策者来说还有另一个用处。如果一项指标很好，那么即使这个想法后来失败了，决策者也可以用这个指标来解释当初为什么会做出投资的决定。

总体来说，我们的发现意味着什么呢？它们意味着让组织中的决策者去接受创造力是远远不够的。你不可能只是通过说"嘿，要选择创意！"就让人们克服对创造力的偏见。这是因为有着"怎样/最好"这种思维模式的人会改变他们对创造力的定义，以满足他们降低不确定性和维护自己声誉的愿望。

这一发现还意味着，决策者的角色会引发对创造性的真正偏见。在大多数决策情境中，得分最高的创意会进入下一轮。因此，在我们和商科专业的学生一起完成的实验中，如果由决策者把关，仅凭"尿布屋顶"的创意在 Facebook 上得赞数较少的事实，它就不会进入最后一轮。但如果由不需要承担决策责任的对照组来把关，这个创意就会进入最后一轮。换句话说，随机指派某学生担当决策者，他会低估自己在作为普通人时喜欢的创意的价值。

我们想知道导致这种现象的微观机制。为什么决策者会低估投资资金不足的创意呢？如果并不是他们觉得这个创意没有用，那么到底是什么原因呢？答案是焦虑！当我们以一种"怎样/最好"的思维模式引导人们，并让他们评估投资资金不足的创意时，他们会感到更焦虑，因为他们不得不向其他人解释自己的评估结果，而那些不具备"怎样/最好"思维模式的人，根本不会担心自己要为投资资金不足的想法的评估结果进行辩解。

还记得我之前说过，专家如果认可一个创意，那么失会大于得吗？事实上，同样的情况也可能发生在没有相关专业知识，但被指派为决策者的人的身上。

因此把所有情况整合在一起，我们可以看到专家往往知道一些让他们更难有匹配感的事情。专家之所以拒绝你的好想法，可能是因为他们对参考点的了解让他们更清楚自己不知道的东西。但是专业知识，或者人们所知道的东西并不是全部。尽管你知道的东西很重要，但你的思维模式也很重要。决策者也可能会拒绝接受你的好想法，而且原因并不是它们不够好。我们的研究结果表明，即使受试者没有专业知识，是否被指派为决策者也会改变他们对创意的评估结果。决策者的角色会激发"怎样/最好"的思维模式，而且常常会引起一种被我称为"保全自己"（the cover-your-butt）的反应。当决策者处于"怎

样 / 最好"的思维模式时，只有当某个想法即使失败也能让他们保全自己的时候，他们才会看到创造性的机会。专家用来保全自己的首要工具就是经济数据。

专家以及缺乏专业知识的决策者会真诚地告诉你，他们喜欢创造力。但是常常出现的不知道和不匹配的感觉，足以让他们对创造性产生焦虑，甚至是憎恨。

组织带来的影响也不容小觑。一个需要创造力才能生存的组织如果雇用决策者来为创意资金把关，它就会陷入困境。将一个人置于决策者的地位会让他进入一种"怎样 / 最好"的思维模式。由于处在这种思维模式中的人只会把不确定性视为一种麻烦，所以他们认为好创意就应该被证明非常受欢迎。但从定义上来说，新创意都是没有被证实的。事实上，更接近现状的想法都有可靠的验证指标。就这一点而言，社会认可指标有可能是被伪造的（比如 Facebook 的点赞数或从印度购买的下载量）。因此即使你强制要求决策者选择创造性的想法，他们也会选择那些渐进式的想法，或者用虚假的社会认可数据来掩饰潜在的糟糕想法。他们真的会认为，这两种创意都比各项指标相对较低的新想法更具创造性。而且如果决策者选择的想法在市场上由于缺乏创造力一次又一次遭遇失败，那么他们可以利用虚荣指标保全自己，保住工作。这样的决策周期会一直持续下去，并最终引发组织的非创造性破坏。

偏见预警信号

那么,当我们对创造力抱有偏见时(不同于我们评估创意时那种明确的负面情绪),会出现哪些预警信号呢?遗憾的是,目前还没有人研究过这个问题,所以我只能根据我自己对偏见的体验从理论上进行说明。对我来说,当我们对某个想法产生强烈的下意识的消极反应时,创造力偏见的第一个预警信号就出现了。因此,新创意并不会像其他我们有强烈的积极或消极感觉的事物那样引发兴趣、问题或好奇心(这是一种更合理的反应),而会立即激发我所说的一种"恶心反应"(ick response)。恶心反应会让我们想要远离这个想法,并且直接拒绝它,而不会让我们想要更多地了解它。

最近,我的一个咨询客户就出现了这样的恶心反应。他公司的一个部门想出一种销售现有产品的新方法,但他很不喜欢这种方法。当我问他为什么会对这个新创意反应如此强烈时,他说:"这个方法在我看来毫无意义,我并不是排斥创意,只是这个想法太蠢了。"

当我想进一步探究他为什么不喜欢这个创意时,他费了好大的劲才说明白,最后一直在重复:"这看起来很蠢,而且毫无意义。"后来,当他发现这个部门的想法在测试阶段取得了令人难以置信的积极效果时,他感到很困惑,甚至更多的是恼火。

如果把他的反应分解开来,那么我会说我的客户对于不确定的感觉表现出极度的不适。他说他不了解这个想法,而我们知道这种不知道某件事的感觉是非常消极的,而且可能是很令人反感的。首先,不了解某件事的感觉可能是对一个人的精明形象或专家身份的一种威胁。另一方面,不了解一些事情意味着无能为力或缺乏控制。没有控制权或权力是人们很讨厌的状态。所以威胁到我客户的并不是这个创意本身,而是**这个创意给他的感觉**。

这位客户的另外一个反应是贬低这个创意,说它很蠢。这可以说是创造力偏见最显著的预警信号,因为它表达出蔑视,这是一个人在感受到威胁时的警示标志。蔑视这种消极情绪有一个很有意思的功能,那就是传递出在某物品或某人身上体会到的相对优越感。

所以当我的客户说这个创意很蠢的时候,他是在暗示这个创意对他来说不够好,同时也使他远离了这个想法,因为这样他就有理由忽视它。毕竟,你为什么要把有限的时间和精力花在了解你认为不值得注意的事情上呢?

轻蔑评论带来的最终结果是表现出相对于某事物(在这个例子中指创意)的优越性,这种优越性从内部角度来看,可以让你从心理上远离威胁的源头。而从外部角度来看,它能很好地管理人们对你的印象:他们会认为你比你批评的创意"更精明"或"更好"。

我和席穆尔·梅尔瓦尼,以及墨尔本大学的珍·奥弗贝克发表了一篇论文,指出即使在你的实际能力还没完全展现的情况下,你对队友发表的蔑视评论也会让团队中的其他人认为你更聪明、更具领导性。我们在两所不同商学院的本科生和 MBA 学生中都发现了这一现象。这就是为什么说蔑视是证明偏见的一个有力标志,因为它提供了一个让人不加思考就拒绝一个创意的理由,那就是它能使其他旁观者认为,这个人实际上是很聪明的。

当然,具有讽刺意味的是,拒绝创意的人之所以选择拒绝,并不是因为他聪明。更确切地说,他拒绝这个创意,是因为他不知道如何评估它。他真正拒绝的是一种他不理解的创意所带来的烦人的不确定感。学习如何区分"拒绝创意"和"拒绝新创意带给我们的感觉"这两个概念是我们克服偏见的关键。

所以,我在对创造力有偏见的人的身上看到的,甚至是我自己感受到的都是一种强烈的负面情绪反应,它会迫使人们立刻贬低某个创意,然后回避它。当我们感受到这种偏见时,恶心反应使我们不会继续探究这个创意,不会提出疑问并研究我们为什么不喜欢它,同时也不会研究我们该如何改进以使这个创意变得更好。

这意味着我们更有可能不假思索地迅速拒绝一个创意,而且我们拒绝创意通常只是因为我们不了解它,从而想摆脱那种不知道、不确定和不安全的感觉。这也意味着,我们如果先深入地思考一个创意,或者与和我们想法不同的人进行交流,我们可能就不会轻易拒绝这个创意。

与这种创造力偏见做斗争的第一步是,我们要更清楚地意识到自己在什么时候表现出偏见预警信号。第二步是学习如何将这些带有偏见的感觉转变成能够让我们接受创造性解决方案的因素。

综上所述，当你感到不确定，或者发现自己无法忍受不确定，又或者沉浸在一种"怎样/最好"的思维模式中时，你可能会下意识地拒绝那些能让你的生活变得更好的解决方案，而且，其他人在以"怎样/最好"的思维模式看待世界时，可能也会有同样的感觉，从而很可能会拒绝接受他们迫切需要的创意。

所有这一切之所以很重要，是因为我们如果意识到自己管理创意的方式并不合理，就能重新掌控自己接受变革性创新的能力，并学会更好地应对变革性创新。我们一旦认识到抗拒新创意的潜在预警信号，就可以制订策略来克服这种消极反应，并将其转化为更具建设性的东西。

第 4 章

自我突破：克服自己对创造力的偏见

采用纯粹的"为什么/有潜力"的思维模式是接受好创意的关键吗？仅凭直觉，你已经知道答案了。

其实不是的。

以乐土公司为例，《快公司》（美国最具影响力的商业杂志之一）的一位记者将其称为"21世纪最失败的科技初创企业"。2014年之前，乐土公司的使命在其创始人看来，与灯泡、蒸汽机、肯尼迪的阿波罗太空计划、福特 T 型汽车和互联网的发明同等重要。包括汇丰银行、摩根士丹利、通用电气和优点资本在内的精明投资者都认同乐土创始人的设想，并共同为其提供了约 9 亿美元的资金，对于一家还处于概念阶段的公司来说，这是一笔闻所未闻的"大钱"。

乐土公司是做什么的呢？出售电动汽车。它炒作的是什么？重点是**为什么**要销售电动汽车以及公司承诺的**潜力**。

2010 年，我参观乐土公司在特拉维夫工业园区的游客中心时，起了一身鸡皮疙瘩。这个中心看上去很优雅，有着苹果公司一样的建筑风格——简单、现代化、整洁，它是由一个旧储油罐的外壳改装而成的。导游在开始参观时告诉我们的第一件事是，"在这里，我们不仅仅关注电动汽车。在这里，我们正在拯救以色列，我们正在拯救全世界"。

接着我们看到了如同救世主一般的公司创始人沙伊·阿加西的照片。这个公司的故事始于 21 世纪头 10 年，当时在企业软件开发公司思爱普（SAP）崭露头角的阿加西，在达沃斯世界经济论坛上做过一番展望。为了强调这一点，导游给我们看了一段阿加西在 2009 年 TED 大会上发表的演讲，我们的导游提到，这段演讲赢得了长时间的起立鼓掌。阿加西穿着史蒂夫·乔布斯式的黑色高领毛衣，看上去粗犷而英俊。在达沃斯演讲时，他问了自己这样一个问题："没有石油，你还能管理一个国家吗？"

他说，解决办法是"让一个国家转而选择电动汽车"。他提出这个解决办法的主要原因是"帮助汽车工业结束对石油的依赖"。他的潜台词是防止阿拉伯世界的压迫、恐怖主义和其他势力摧毁世界。他说，接受他的解决方案是为了拯救我们的经济而做出的道德选择，而拯救经济的意义与引发工业革命的废除奴隶制差不多。

导游带我们去了一座名为"电池更换站"的建筑，并谈到司机对改换电动汽车芯有顾虑的主要原因。人们不愿意购买电动汽车的一个重要原因是里程焦虑，或者司机害怕在到达充电站之前汽车便耗尽了

第 4 章　自我突破：克服自己对创造力的偏见　083

电力。另一个原因是，在传统的充电站给电池充电需要花上几个小时。乐土公司解决这个问题的方法是建立电池更换站，更换汽车电池大约 5 分钟就可以完成。这些由雷诺公司生产的汽车，用一块充满电的电池可以行驶 80 英里[①]。因此，如果你从特拉维夫开车到死海（90 英里左右），你必须停一次车，花 5 分钟换一次电池。现在他们正在做的就是在以色列各地交通便利的地点，设立电池更换站。

阿加西的愿景被誉为一种创新的范式转换，它将引发巨大变革并淘汰燃油发动机。阿加西看起来就像一个所向无敌的英雄，在名人、世界领袖和腰缠万贯的投资者看来，他想要拯救世界，他在与可能被视为人类共同敌人的问题战斗。这是一个相当令人兴奋的组合。

问题是他不知道**怎样**执行自己的计划。

阿加西没有开始精益生产，没有集中精力进行试验，也没有在这种模式被推广到其他国家之前在以色列学习如何把它做好，而是立即开始大规模的全球扩张。这需要大量的协调工作，情况异常复杂，以至他必须雇用一个管理咨询小组进行监控。他没有雇用汽车行业的专家，也没有雇用有实际施工经验的人来建造更换站。相反，他雇用了在高科技领域经验丰富的人以及他的家人。公司的汽车成本实际上并没有乐土公司声称的那么低（2 万美元），车身的价格已攀升到 3.7 万美元，而且需要加上使用充电站网络头 4 年的 1.2 万美元。

---

① 1 英里 ≈1.609 千米。——编者注

阿加西在解释他是如何实现自己的愿景时，谈到的数字，加起来也不相符。他说，消费者只需要花 2 万美元就能买到这辆电动汽车，车主还可以选择只花 700 美元在车库中安装一只机械手，这样他们就可以在家里进行电池更换。这些都不是真的。员工们把这种自相矛盾的情况亲切地称为"沙伊数学"，毕竟，整个企业都是如此鼓舞人心、令人陶醉，以至这些矛盾似乎无关紧要。投资者一定也有同样的感受，因为即使最初的数据显示汽车销量明显低于预期，阿加西也能够吸引他们。

我相信，在收入和数据不断下降的情况下，沙伊·阿加西仍然能够继续筹集到资金，因为他能够以令人难以置信的匹配感分散投资者，甚至消费者的注意力。他做的第一件事就是用一个很大的"为什么"来框定问题。这不仅仅是一个古老的"为什么"，它是一个与所有其他细节相匹配的"为什么"，那就是结束汽车工业对石油的依赖。这就是为什么游客中心的建造方式要匹配一个改作他用的旧储油罐，为什么产品要匹配一项新型技术，为什么阿加西要匹配一个创新者的形象（例如，他在 TED 演讲时的穿着和史蒂夫·乔布斯一模一样）。

用很大的"为什么"巧妙地框定一幅画面，让其他所有细节都与之匹配，这样我们就会不由自主地爱上它。匹配的"为什么"会分散我们的注意力。"为什么"会让你进入一种更宽广的思维模式，让你考虑更高层次的事物，而"怎样"会让你进入一种更狭隘的思维模式，让你着眼于事物的细节。

如果你用更具"怎样"取向的角度看待阿加西的愿景，可能会把注意力集中在他的愿景的核心，即汽车电池上。你可能会想到电池被乐土公司拥有、保存、充电和更换，或者电池的具体构造和型号、电池的总电量，以及公司的电池成本。如果你的注意力集中在电池上，那么在以色列这样一个没有多少土地可供建设的国家，你很难看出它是怎样与这样一个依赖于大量电池更换站的系统相匹配的。你还可能担心更换站是否可以处理不同型号的电池，或者如果电池技术和形状发生变化从而淘汰掉旧式更换站后会发生什么。一种"怎样/最好"的思维模式能够引发这种基于自身的不确定性的变化，从而使你对一个新创意感到越来越不舒服。换言之，未经证明的新（仅仅是新的）创意与看重可行性和确定性的"怎样/最好"思维模式并不匹配。

如果你以"为什么"取向的角度看待阿加西的愿景，并将注意力放在降低对石油的依赖上，汽车电池就不会那么令你关注，甚至没那么重要了。如果这个"为什么"也吸引了其他投资者，那么你可能想当然地认为他们知道一些你不知道的事情，从而也就不担心细节了。当然，你可以利用许多知名投资者亏损的事实，来为失败的投资进行辩护。

这个很大的"为什么"的问题在于，它能让我们漠视那些对成功至关重要的因素。例如，当你专注于接受电动汽车可以拯救世界的信念时，你不会过分关注你所投资的企业是否有一个良好的实施策略。这是一个实实在在的问题。

"怎样/最好"依赖症

当我作为一名讲师,第一次走进 MBA 课堂时,我还是个菜鸟,刚刚获得博士学位,在耶鲁管理学院教授战略人力资源管理(SHRM)课程。我很惶恐。我不知道战略人力资源管理是什么,也不知道该怎么教这个班的学生。我在 MBA 教学方面唯一的间接经验就是看哈佛商学院的教授们收集一些建议。奇怪的是,尽管我见过的教授有着不同的风格以及案例材料,但在讲授谈判或领导力时,大家都有一个共同的主题。他们都会说:"没有正确的答案。也就是说,有很多种方法可以有效地处理同一种情况。"我在战略人力资源管理课上也是这样告诉学生的。大大出乎我意料的是,他们几乎都反对这一点。

他们说,战略人力资源管理的核心就是"最佳实践",这个概念当时我第一次听到。"你不知道什么是最佳实践吗?"后来我才了解到,商业中使用的"**最佳实践**"这一术语是指普遍采用或被成功的公司或个人采用的行动。因此,在这些学生的心目中,谷歌做的某事便可以被定义为最佳实践。谷歌要改变或修改无效实践的事实几乎是不可接受的,因为从最佳实践的角度来看,如果谷歌曾经选择了这一实践,那么它一定有充分的理由。

最佳实践是用"怎样/最好"思维模式解决问题的一个显著表现形式。不幸的是,这也是学者们所称的"**现状偏见**"的一个明显的表现形式。人们非理性地倾向于维持现状，而不是选择更新更好的方案。即便是在我们以前从未见过的已经存在的一个策略或程序和一个未经测试的程序之间，我们也更喜欢已经存在的那个。如果一些东西存在了一段时间，并且被许多人使用，我们会认为它很了不起，因为我们相信适者生存。

人们会沉溺于一种"怎样／最好"思维模式中，因为它有助于提高人们在那些几乎不需要认知努力就能做出决定时的信心。采用"怎样／最好"思维模式还有第二个好处。有人如果说自己公司的政策是一个最佳实践，他就能让自己看起来更专业、更了解情况，他如果失败了，他就可以为自己的举措提供貌似合理的理由。因此，如果一个企业家为失败的行为辩护，那么他会说，"好吧，它对谷歌很有效"，这样一来，这位企业家似乎不那么无知了。换言之，这似乎是一种坚实的防御措施，但实际上它并不是。

最佳实践方法只不过是"怎样／最好"思维模式中一种强化的表现形式。但事实是，它非常普遍，至少开始会给你一种采用"怎样／最好"的思维模式去接近世界是多么理所当然的感觉。这自然引出一个关键问题：如果"为什么／有潜力"思维模式能诱使我们接受无法实施的创意，而"怎样／最好"思维模式会激活我们对新创意的焦虑感，那么人们如何在不知道新想法是否有用的情况下接受它们呢？

如何自我突破并推动变革性创新
（而不是盲目喜欢创意或出于害怕拒绝它们）

既然我们对自身固有的对创造力偏见的本质有了更好的了解，我们现在能做些什么呢？幸好我们能做的还有很多。在接下来的章节中，我将给大家讲述我自主开发的一个流程，它可以帮助你走上自我突破之路。

在评价创意的时候，有没有一种方法既能让我们保持对新奇事物的喜爱，又能对它的有效性予以适当关注？我的答案其实很简单，就是建立一种**平衡**。不是只采用"为什么/有潜力"或"怎样/最好"思维模式，而是两者兼用。容我解释一下。

著名的投资者、医生和企业家托马斯·福格蒂设计了超过 125 项专利，赢得了多项行业奖项，并带领许多医疗设备公司取得了巨大的成功。他有许多值得称赞的发明，包括用于主动脉修复的自扩张支架、用于乳腺癌诊断和治疗的微创设备以及许多其他发明。

福格蒂医生在很小的时候就遇到了变革性创新的挑战。他的父亲在他 8 岁时去世，母亲因而必须在血汗工厂找份工作来养家糊口。为了缓解家庭财务危机，他 14 岁在当地医院以每小时 18 美分的价钱找到一份兼职工作，工作内容是打扫病房和清理便盆。后来，他被社区牧师杰克·克兰利医生提升为一名擦洗技师，克兰利医生后来成了他长期的朋友和导师。

第 4 章　自我突破：克服自己对创造力的偏见

托马斯离开医院之后，发明了一些东西。他制作飞机模型，重新组装摩托车，然后卖给附近的孩子们。他依然是个穷学生，在克兰利医生的推荐下，他被辛辛那提的泽维尔大学录取，成了一名试读生。

托马斯·福格蒂曾在几家不同的医院担任克兰利医生的技术员，这让他对不同医生使用的各种流程和程序有了大致的了解。正是在那里，他学习了当时（大约是 20 世纪 50 年代）处理四肢血凝块的最佳方法。福格蒂医生向我解释说，在当时，如果你得了血凝块，医生只能靠两个手术来拯救你。第一个手术的失败率几乎是 100%：通过一个非常大的切口打开动脉后，用镊子将血凝块刮出来。第二个是截肢。这意味着有约 50% 的血凝块患者会死亡，即使是侥幸活着的那些人，也不得不在缺失胳膊或腿的情况下生活。福格蒂医生认为一定还有更好的办法。

上医学院的第一年，福格蒂医生开始在他的阁楼上做实验。他拿了一根导尿管，并把一个气囊附在导尿管的末端。他用手术手套的小指尖制作了小气囊，并运用他钓鱼时学过的飞蝇钓法这一技术把气囊绑在导管上。他的想法是外科医生只需要做一个小切口，就可以将导管插入动脉。导管可以穿过血凝块，然后用生理盐水使气囊膨胀到动脉壁的大小。这样只通过一个小切口，就能从动脉中取出气囊和血凝块。

福格蒂医生进行了临床试验，他太高兴了，这一发明让病人活了下来，也没有截肢，他的所有病人都保住了性命，而且四肢完好无损。他把自己这一革命性成功写成一篇论文提交发表。福格蒂医生的球囊栓塞清除导管仍然是治疗的黄金标准，它挽救了数百万人的生命。

福格蒂医生是一位发明家，但今天，他也资助其他发明家。福格蒂医生领导着福格蒂创新研究所。我把他的研究所称为新兴医疗设备公司的孵化器，他听了有些恼火："我讨厌孵化器这个词。我认为这给人们一种错误的印象，即这个团队中的所有公司都像鸡蛋一样，最终会孵化出小鸡。事实是，没有人知道这些公司中是否会有一家能站稳脚跟。创新是不可预测的。"

他的回答引起我的兴趣，于是我问他："如果创新是不可预测的，那么你如何决定邀请哪些公司加入这个研究所呢？"在回答这个问题时，他的眼睛闪闪发光。"创新是一个过程，这个过程不是在学校里学到的，而是从鼓励你的人那里学到的。当我们教学时，我们不鼓励人们提出新的解决方案。当你教别人的时候，你试图让他们像你一样思考。把你自己想象成一名老师，你的学生如果想出一些新的、不同的东西，他们就是不符合常规、不听话的，因为从定义上来说，他们没有学到你想让他们学的东西。但是当你鼓励别人学习的时候，你会帮助他们问一些问题，比如**为什么**它不起作用，**怎样**才能使它比现在更好地发挥作用？你鼓励他们想出自己的答案，虽然你自己也不知道答案是什么。"

他继续说："我想邀请那些有办法让病人受益的公司，我希望公司创始人能学会如何让他们的产品在不浪费资金的情况下及时发挥作用。"

我请福格蒂医生更具体地告诉我，他是如何识别真正的创意的。他的回答是："我做很多事情都凭直觉，有些东西是潜意识的。但事实是，我并不知道一家公司是否会获得创造性的成功。我觉得要做到这一点，我必须知道所有的答案，这会让我对事情感到焦虑，所以为了让自己冷静下来，我告诉自己，'我可能是错的'，我接受了我可能会赔钱的事实。这样的事每天都在发生。"

自我突破：像发明家一样评价

自我突破是什么意思？我听过很多投资者、企业高管，甚至职场菜鸟使用这个词。硅谷就痴迷于自我突破。尽管自我突破是产生一个创意或采取一条不同路径的同义词，但还没有人明确给出它的定义。我的看法是，自我突破是唤起自己变革性创新的过程。

在评价一个创意时，有两种方法可以实现自我突破。第一种是把所要评价产品的所有定义公之于众，然后主动质疑或扩展它们。这意味着你需要写下你对这个产品的所有假设和看法（即使它们看起来很明显），然后一条一条审查，试图找到相反的证据。我可以告诉你，我从来没有见过这种自我引导的突破真的起作用，但这并不意味着它**没有**用。不过，一般而言，人们总是固执己见，坚持自己的看法。

第二种自我突破的方法，我认为也很难，但不像第一种方法那么难。第二种自我突破是福格蒂医生的做法。他利用自己的专长来发现创意中的缺陷，并对创始人的素质进行评估。他利用自己的专业知识评估一种设备是否会使患者受益。一旦他接受了评估的结果，就到了第二步。他必须解释这种评估结果，他必须选择一个角度或一种思维模式帮助他理解所有事实的意义。他可以主动改变自己的思维方式。福格蒂医生描述了这种积极的选择，他说："我觉得要做到这一点，我必须知道所有的答案，这会让我对事情感到焦虑。"他接着又说："所以为了让自己冷静下来，我告诉自己，'我可能是错的'。"这种转变是福格蒂医生的自我突破：他突破了自己对现有信息的解读。

　　思维模式就像计算机程序，它可以告诉你如何解释信息。"怎样/最好"思维模式是一个告诉大脑降低不确定性的程序。如果你对某件事不确定，降低这种不确定性的方法之一就是告诉自己，任何不确定的来源都很糟糕。"为什么/有潜力"思维模式是另一个程序，它会告诉你的大脑容忍不确定性。因此，如果你对某些事情感到不确定，那么你可能会保留判断或充满希望。任何一种思维模式都太过极端，都无法对一个创意形成一种平衡的观点。

　　福格蒂医生的思维模式是什么？他似乎没有一个明确的"为什么/有潜力"的观点。他关心病人的利益，但他同样关心如何使一项发明发挥作用。福格蒂医生似乎也没有一个纯粹的"怎样/最好"的观点。相反，作为一个终身的发明家，他按照发明家的思维方式制订投资决策。发明家是用一个过程来学习如何使一个新创意发挥作用的。根据特雷莎·阿玛比尔的说法，发明过程始于发现问题、收集信息、生成选项、测试选项、验证解决方案，如果失败，就重新开始。

然而，典型的决策者可能采用与发明过程截然不同的过程。沃顿商学院的乔治·戴认为，决策者应该通过评估整体风险，使用一种谨慎、深思熟虑的方式来确定产品目前对公司的价值，从而做出一个"是"或"否"的决定。这涉及对许多因素的评估，包括市场规模、利润率、转换成本、生产产品的可行性、产品相对于竞争对手替代品的优势、长期的可持续性、与总体战略的契合度等等。

但是，在评价创意时，你必须像决策者那样思考吗？你能不能像发明家那样思考呢？像发明家那样思考能帮助你克服这种对创造力的偏见吗？要知道，这种偏见是在你的意识之下运作的。我认为是可以的，而且我有证据证明。

我知道你现在急着自我突破，但你还没准备好。首先，如果你有很强的"怎样/最好"思维模式，突破你的这一思维模式，像发明家一样思考，你会感到非常不舒服。"怎样/最好"思维模式是非常棘手的，突破难度很大。即使你的"怎样/最好"思维模式不是很强，你也需要做好思想准备。下面介绍的是一种4步法，还有第5步，这是在前4步都失败后的一种补救方法。

自我突破之路

第 1 步：确定你是在评价常见的想法，还是创造性的想法，或者两者兼而有之

幸运的是，福格蒂医生仅仅审查有创意的设备。他不需要评价日常生活中的琐事，然后再转换去评价创新性的东西。这意味着他可以一直处于发明家的思维模式中。他可能需要避免使自己陷入决策者的思维状态，但这比在像决策者那样思考和像发明家那样思考两者之间来回切换，要容易得多。

群体智慧的创造力。你的第一个任务是确定你要评价的高品质的创意是渐进式的创新，还是疾风骤雨式的创新，又或者是两者之间的形式。这一步非常关键。

你怎么知道一个创意是疾风骤雨式的还是渐进式的创新呢？有些学者把创造性作为衡量一个创意的标准：如果创造性很高，这个创意就是疾风骤雨式的。如果创造性水平较低，创意就是渐进式的。你可以在 1～4 的范围内为你所要评价的创意进行评级，其中 1 表示完全没有创造性，2 表示略有创造性，3 表示创造性适中，4 表示非常有创造性。我喜欢这个 4 分制的评分方法，因为它促使人们去判定某种东西是否具备真正的创造性。它也会给你带来一些微妙的变化，如果你的创造性想法的评分都接近 4，你常见的想法都接近 1，这就可以很好地证明这些创意的分类很清晰。

我推荐的是群体智慧法的一种变体。群体智慧法是一种利用众多人员（也就是大量的评委）对每个创意进行评分的一种方法，它可以减少误差，提高评估的准确性。它的原理是，你为任意数量的评委（你的群体）提供几种创意的简短描述（每个评委可能有 20 ～ 30 个创意）。在至少 20 个独立的评委对每个创意进行评分后，你要将所有的评分汇总起来，对每个创意取一个平均值或总和。然后你在柱状图上对这些想法进行排序，看看哪些高于平均值，哪些低于平均值。如果使用头脑风暴工具，你可能会产生几百个创意。因此，群体智慧法可以帮助你以相对较快的速度和更高的准确度筛选出创意。

沃顿商学院的卡尔·乌尔里希开发了一种名为"达尔文主义者"（Darwinator）的网络工具，该工具允许企业雇用大量员工对大量的创意进行评估。我强烈建议使用这类工具。大多数这类工具都会要求人们对创意的质量（例如产品对消费者的价值，或消费者对产品的兴趣）进行评估，我认为这是一个很好的方法。但是，如果你想自我突破，那么对每个创意的创造性进行评估也非常重要。

换言之，我建议你让你的团队给你的每个创意的创造性和品质进行评分。（你可以将上述的 4 分制作为品质评估标准。）这样，你就可以看到哪些创意是低品质的，并将它们丢掉，然后保留所有高品质的创意。当然，有了这些评分并不代表你的工作完成了。就算一个创意是高品质的，或者你的客户想要它，也不意味着你必须选择它。你还需要通过判断来评估这个创意是否可行，是否划算，是否符合战略，等等。群体智慧法的目的只是解决创意问题，并让后续的创意管理工作变得简单一点儿。

在评价一个创意的创造性时要注意一点：我们的研究表明，人们对于他们心目中的创意可能存在非常强烈的分歧。如果你有很强的"怎样／最好"的决策者思维模式，那么你可能不是评价一个创意是否具有高度创造性的最佳人选。你甚至可能不是评价高度新颖创意品质的最佳人选。如果你认为一个创意从一开始就不可行，而且不可能赢利，那么对你来说，这个创意就不是创造性的或高品质的。事实上，你会觉得它很蠢。我们也有一些证据表明，你认为高度可行且非常有创意的想法，在你的客户看来可能并不是这样。如果你是利益相关方，我建议你不要自己评价创意，也不要把这个工作交给你的决策者同事，你应当把创意交给员工（那些有创意的员工）或可信赖的客户评分，具体方法就是上文提到的群体智慧法。然后汇总评分，为每个创意给出一个关于创造性和品质的平均分。最后，所有高品质的创意经过这些创造性评分之后，会被分为两类：高创造性创意和低创造性创意。

制订创意评价计划。得到两类创意后（或发现你只有一类），你会更了解自己面临的挑战。你如果只有一类，而且都是渐进式的创意（创造性分数低于 3），就没有自我突破的必要了。评估这些创意的风险是非常有意义的。如果你只有高创造性的创意，那么你走运了，你不需要在自我突破和无须自我突破之间来回切换了。

这样的话，你可以直接进入自我突破4步法的下一步，也就是下面的第2步。遗憾的是，如果你现在有了两类可爱的创意，分别是创造性和非创造性的，那么你接下来的道路将变得有点儿艰难。如果你在现实生活中真的遇到这种情况，那么在坐下来做决定之前，你要考虑几个因素。

一个建议是将常见想法和创造性想法分成两类，并找出两个独立的时间段分别评估每一类创意。由于评价常见想法比评价创造性想法在精神上更省力，你可以把评估常见想法的时间安排在任何时候。由于评估创造性想法可能需要较长的时间，也更耗费精力，所以评估它们之前，你可能需要更详细地制订计划。当你休息充分、肚子不饿、头脑清醒、对挑战感到兴奋时，你可以尝试安排时间去评价这些创造性的想法。

如果你在一个团队中工作，别无选择，只能一起审查所有的想法，那么你安排的会议要先从创造性的想法开始，然后转到常见的想法。我研究过的一个团队利用这个策略，取得了巨大的成功，他们是从最有创造力和最难的想法开始的。由于他们不能达成一致（这在创意评估中很常见），所以他们把它搁置在一旁，暂时不做决定，转换到更常见的想法上。然而，在会议过程中，等按照列表讨论其他创意的时候，大家的话题时不时会回到第一个创意上。尽管成员们并没有正式讨论这个创意，但他们对这个创意是否有意义的思考一直在进行，在会议过程中，他们会将这个创意与其他创意进行比较，而不是马上做出明确的决定。

这被称为**孵化**过程的一部分，或者是潜意识思维在工作。在寻找关联方面，我们的潜意识思维被认为比积极且深思熟虑的思维过程更有效。所以，虽然这个小组把第一个创意搁置讨论，但他们仍取得了进展，因为会议上的每个人在讨论其他创意时，潜意识里仍在思考第一个创意。所以，当讨论一个高品质的创意时，要先把它提出来，但是在会议结束之前不要做出最终的决定，即便你认为这个决定是完全正确的，也需要给人们留出时间，让他们在潜意识里酝酿思索。

第2步：做好自我突破的准备

我们都有一种固守自己思维方式的倾向。例如，在一项相当有趣的研究中，研究人员给放射科医生看了一张肺部扫描片子，并让他们评估这张片子是否存在癌变结节。在放射科医生不知情的情况下，研究人员对片子进行了轻微的修改。他们在片子最右边的角落上，放了一只很小但清晰可见、挥舞着手臂的大猩猩。你猜猜看，有多少放射科医生看到了这只大猩猩？只有17%！83%的人在看肺部扫描片子时没有看到那只挥舞着手臂的大猩猩。放射科医生都在努力寻找他们期望看到的形态，对于一个意料之外的形态，他们都选择视而不见。

这也可能意味着，当你寻找一个意想不到的东西（比如一个创造性的想法）时，采用"模式寻找行为"会弱化你寻找东西的能力。

也许这就是企业家和风险资本家乔丹·库珀所指出的："在评估新公司时，排名垫底的 70% 的风险投资家只关注一张表：每月的经常性收入有多少？有没有有经验的创始人？有没有良好的销售渠道？月环比增长率多少？"换句话说，风险投资最不成功的最佳实践就是简单的模式匹配。

所以在你开始评价某件事之前，先休息一下，做点儿准备。首先，检查一下你自己。注意你现在的感觉。你在想什么？你是担心在老板面前显得很傻还是想给别人留下深刻的印象？花点儿时间看看你处于哪种思维模式，这样你就能校准了。

想一个你崇拜的发明家（也许就是你自己）。当你评价一个想法时，你要给自己一个可以随时对照的偶像。你知道吗？如果你下意识地让一个人看老年人的照片，他的动作会变慢，记忆力也会变差。这叫作**行为启发**。我们对不同的人有不同的看法，所以当这些看法被激活时，我们的行为也会随之发生。

因此，我建议你在评估想法之前先做好准备。把你真正钦佩的发明家的形象、观念、故事或记忆放到你的脑海里，这个发明家甚至可以是你自己。你要做的就是记住这个发明家的形象。这样做会激活一系列其他的观念，比如"另类想法"，或者"离奇就是好的"。

当你想到这位发明家时，你也要想到他让你钦佩的发明。这些发明是完全成熟并看起来完美的吗？可能不会。有些发明看起来不太好，或者发明者必须克服重重障碍，才能使这个想法得以实现。

想一个你热切想要解决的问题。发明家通常有一个他们关心的大问题。对福格蒂医生来说，那就是病人的利益。对于 Facebook 的首席执行官马克·扎克伯格来说，那是让世界变得更加开放。对于美国西南航空公司的前首席执行官赫布·凯莱赫来说，那是让更多的人能够乘坐飞机。我说的不是使命，尽管你们公司的使命很重要。我说的也不是赚钱，尽管赚钱也很重要。我所说的在这个世界上的一个问题，是你所关心的，甚至可能是你通过评价创意就能解决的一个问题。

当你想到一个鼓舞人心的发明家并再次确认你想解决的问题之后，再一次审视自己。很可能你会对未来的任务感到更有希望，更积极，更感兴趣。如果你仍然觉得有点儿消极或不确定，你可以尝试另一个策略：冥想。冥想可以改善你的情绪，也可以减少认知偏见。

现在，你已经准备好去评价那些创造性的想法，并打破自己的思维定式。

第 3 步：自我突破——接受不可知的

如果你的老板让你每天给她发一份前一天公司股票价格的报告，你会感到有压力吗？可能不会。因为你知道怎么查股票价格。

但如果你的老板让你每天给她发一份**第二天**公司的股价报告，你会感到有压力吗？如果你的公司处在一个稳定的市场中，波动很少，那么尽管你不知道确切的答案，但是你可能会很有信心，认为今天的价格与明天的价格不会有太大的差别。但如果公司处在一个完全不稳定的市场中，市场波动难以预测，情况会怎样呢？我很肯定你的压力会猛增。为什么？因为你有一个不可能完成的任务。你试图收集更多的关于今天股票价格的数据，收集的数据越多，你越会意识到，有太多的未知情况，很难预测明天会发生什么。必须借助创造性的想法，这就是你必须面对的现实。

接受今天的数据并不能预测未来的事实。当遇到未知的事情时，你的确无法让自己知道答案。如果一个方程中有多个未知数，你是解不出来的。因此，对于创造性想法来说，计算风险确实是在浪费时间。如果你想了解这个产品的市场有多大，今天你可能会得到一个答案，但如果发明者第二天决定把产品推向另一个群体，那么你费心得到的答案会变得毫无意义。如果发明者改进了这个创意或者改变了消费者使用这个创意的方式，那么你花在评价上的时间、精力和金钱会完全被浪费。

如果一个创意处于早期阶段，那么衡量标准尤其具有误导性。一项研究发现，在新企业历史早期收集的业务可行性数据，并不能预测未来的成功。例如，《创智赢家》（*Shark Tank*）是一档颇受欢迎的商业真人秀电视节目，在节目中，企业家们向投资者（被称为 shark，意为"鲨鱼"）推销自己的创意，希望能够得到资金支持。这个节目的投资者放弃了对哥伦比亚广播公司食品公司（CBS Foods）的投资，而该公司后来获得了巨大成功。投资者错过了这次投资机会，其中一位鲨鱼说："除了数据，一切都很好。"因此，核心指标有时会引导你走上一条并不能准确反映一个创意未来价值的道路。不仅如此，使用指标来衡量未知可能会使你处于尝试实现一个不可能目标的境地。当我们的目标受阻时，我们会产生压力和焦虑感，这会损害我们的健康。

几十年的研究表明，加强焦虑和消极情绪的最有效方法是主动思考生活中你无法控制的领域。这项研究是由索尼娅·柳博米尔斯基和苏珊·诺伦-霍克西玛完成的，也是社会心理学中我最喜欢的研究项目之一。他们的研究表明，当焦虑的人被要求去想他们焦虑的根源时，他们会比被要求去想蒙娜丽莎的脸时还要焦虑和沮丧。在仔细回想蒙娜丽莎的脸之后，那些进入实验室的焦虑者实际上感觉好多了。换句话说，他们可以控制自己有意识地努力去思考这幅著名的画。但当他们想到生活中那些他们无力控制的方面时，他们会变得心烦意乱。

因此，人们越想自己无法控制的事情，他们的感觉越糟糕。沿着这个思路，如果你决定接受一个创意，很有可能这些衡量标准会让你感到紧张，因为它们会提醒你，你无法控制这个创意最终是否会成功。这个问题的解决办法是接受你不知道的东西。如果你担心会亏本且受到质疑，帮帮你自己，做一次福格蒂医生，深呼吸，然后说："我不知道答案，没人知道答案，这就是一个过程。"接受不可知的（而不是试图控制它，因为这是不可能的），将改善你的压力水平和健康状况。

跟着直觉走。对你来说最好的消息是接受这样一个现实：不可知的新创意也可以帮助你赚到钱。沃顿商学院的劳拉·黄和加州大学欧文分校的琼·皮尔斯发表了一项开创性的研究，表明商业可行性数据并不能帮助天使投资者选择更好的投资或大获成功。投资者选择投资的成功企业，是他们凭直觉做出的投资决定。

投资者的直觉是什么？直觉是你对推销这个创意的人的正面印象。

在他们的研究中，一位投资者表示："你不需要避免不确定性……事情的真相是没人可以确定的。我真的觉得我成功的部分原因是，我成了那个说'没关系，不确定也没事，要容忍不确定性，接受它，和它交朋友，让它把你引向有趣的东西'的人。我就是这样赚大钱的。"换句话说，当投资者接受不可知的东西时，除了感觉更好，他们也会变得更富有。

我问福格蒂医生，"跟着直觉走"对他意味着什么。他说，他能感觉到那些创业者是否有学习的能力，是否灵活，是否致力于对设计工作进行钻研。

你可能想知道，我是否会建议你抛弃衡量标准而不使用它们。我的回答是：不！我认为衡量标准很关键。首先要接受真正的衡量标准是不可知的，而现在的标准并不能告诉你一个创意的真正潜力。这样有助于你控制你的焦虑和你的直觉。

第 4 步：自我突破——从发现问题转向解决问题

衡量标准实际上意味着什么呢？如果你处于"怎样/最好"思维模式，你可以使用衡量标准来帮助你发现问题或查明危险信号。现在想一想你崇拜的那个发明家。他或她会如何解释一个展现创意弱点的衡量标准呢？知道衡量标准有问题的发明家，也许会利用它来帮助改进这个创意。换句话说，发明家总是在使用衡量标准，但他们并不认为衡量标准的功能只是衡量一个创意的质量，衡量标准可以告诉他们创意的哪些地方需要改进。

简而言之，"怎样/最好"思维模式只看到衡量标准的表象，而发明家将它看作指引发展方向的明灯。

将框架约束作为解决问题的机会。如果你是 20 世纪 90 年代中期的投资者，并且正在考虑是否为皮克斯公司的第一部电影《玩具总动员》提供资金，那么你会对皮克斯能否实现这一目标感到严重担忧。衡量标准（如过去的绩效指标、赢利能力、产品可行性）相当糟糕。迪士尼第一次资助皮克斯制作电影时，皮克斯从未制作过长篇电影。在这笔交易达成之前，皮克斯因其软件业务亏损了很多钱，所以其账面看起来很糟糕。当时，史蒂夫·乔布斯是皮克斯的掌舵人。乔布斯离开苹果后试图建立的 NeXT 公司倒闭了，他很快就把钱花光了。NeXT 的前财务官苏珊·巴恩斯称乔布斯是一个挥霍无度的人。布伦特·施伦德和里克·特策利这两位撰写《成为乔布斯》（*Becoming Steve Jobs*）的记者指出，当时，乔布斯已经被认为是一个"过时"的人。

在皮克斯刚开始制作《玩具总动员》的时候，他们开发的软件比较简单，无法渲染脸部，这样一来，人的脸部看起来像塑料，一点儿都不逼真。虽然他们很清楚如何使一张人脸看起来栩栩如生，但在电影中加入几个人脸镜头的成本极其高昂。那么，怎样才能拍一部一个叫安迪的男孩和他的玩具之间关系的电影，而又不让人们看到他的脸呢？

皮克斯的回答是，尽量少露出安迪的脸。所以，我们看到的镜头都集中在玩具的脸上以及安迪在摆弄玩具的手上。在后面的一些场景中，观众听到人物在说话，但画面是从地板上或另一个房间里的玩具的角度拍摄的。所以当你听到人们对话时，你只会看到他们的手和腿，或者他们的背影，你很少能看到他们的脸。但我真正感到震惊的是，尽量不展现人脸的这一决定丝毫没有减损这个故事。相反，这一决定恰恰更好地从玩具的角度，即以玩具的视角展示了事件，从而增加了电影的魅力。

当你处于问题寻找模式时，可行性约束和失败只不过是一个危险信号。但是，如果你采用一种解决问题的方式来看待约束，突然之间，你就可以将约束框架化为你想要解决的问题的重要且具有挑战性的一部分。任何发明家都知道约束是真实存在的，但他们并不会仅仅因为它的存在而停止发明的过程。他们如果知难而退，就没有人发明了。新创意很少是一帆风顺的。

在我和杰夫·勒文施泰因进行的一项研究中，我们问人们，他们是如何定义创造力的。受访的美国人中有70%表示，创意通常缺乏可行性、易用性和社会接受度。70%的人还表示，那些开发创意的人往往没有建立起良好的声誉。此外，大多数研究表明，一个想法越有创意越不可行。当你尝试做一件你从未做过的事情时，你往往没有直接的资源、技能和知识来做它，这样说是有道理的。

主导过程，而不是结果。 如果你真的想要创造力，最好接受这样的观点：一开始创意可能看起来很糟糕。但这并不意味着创意无法改进。通过采用发明家的观点来评价创意，你将处于提供指导的独特位置。不过，只有在保留判断并给创意提出者一个机会的情况下，你才能提供指导。

如果你关心自己"怎样/最好"思维模式的自我突破，那么把注意力集中在你脑海中的发明家的形象上，你也可以把自己想象成一个发明家。帮助那些你正在评价其创意的人去发明。你的观点可能对创意的成功至关重要，因为创意提出者可能不知道所有的约束和可行性问题。尽早了解约束可以帮助他们避免浪费时间，作为一个决策者，你可以获取约束方面更充分的数据。制订"我们的花费不能超过 X 元"或"产品不能让消费者的花费超过 X 元"等指导方针有助于在不损害创意的情况下，为创意开发人员提供真正的指导。大量的研究表明，你如果给创意开发人员适当数量的约束和指导，他们就可以找出更高品质的创造性解决方案。换句话说，与其让衡量标准减少或消除沟通，不如使用衡量标准为设计人员提供清晰和可度量的指导方针，以帮助他们更好地理解他们试图解决的问题。

如果你抱着一种"怎样/最好"的思维模式，而且向别人表现出你很确定知道自己在做什么，在审查创意的时候说"这行不通"，甚至说"这行得通"就会让你看起来更自信，更有领导风范。但是如果说"我们得想办法让它运作起来"，就意味着你不知道如何才能解决问题，这样你看起来根本不像一个领导者。

这是同时进行常见想法和创造性想法评估会遇到的主要挑战。在评价常见想法时，专家真的应该能够可靠地预测解决方案是否有效。在评估创造性想法时，专业知识仍然是关键，但也有局限性。专业知识能够判断你需要改进什么，但不能判断你的建议是否能保证改进。专业知识可以帮助人们更多地了解他们不知道的事情。如果领导角色被授予那些知道答案的人，那么更多的专业知识可能会让领导者感到更焦虑，从而更不像领导者，因为他们意识到自己不知道的事情。

出于这个原因，你可能会担心解决问题（而不是发现问题）会使你在别人眼中看起来不那么像领导者。好消息是，当我看到决策者解决问题时，他们看起来更像领导者。我在一次会议上观察到，一位决策者说："我知道你们都想知道答案，但这些数据我都不相信。因为这是一个全新的概念，让我们为设计师提供更多的指导，让他们知道下一步该怎么做。"

采用问题解决（而不是问题发现）框架的决策者很快意识到，他们可以提供不同的专业知识。你如果能主导整个过程，就不需要以领导者的姿态去准确地评估一个创意。你可以通过设定指导方针，并让发明家朝着实现这些目标的方向前进，来展示你的领导能力。你甚至可以告诉你的团队，你认为决策者的角色是一种领导角色。鼓励项目的方向是决策者的职责，但在团队找到答案之前决策者并不知道答案。当你接受这个角色的时候，你可能会发现自己不得不去控制别人因不知道答案而产生的焦虑。记住，帮助他人接受不可知，是一个很好的开始。

有充分的证据表明，创意开发人员受益于良好的外部指导。甚至连史蒂夫·乔布斯也在 NeXT 埋头设计电脑工作站时迷失了方向。这个工作站本应仅花费 3 000 美元，但最终花费了近 1 万美元。在这种情况下，如果有一个决策者指导他的工作，并推翻那些最终会使工作站的价格超出市场范围并导致其失败的设计决策，那么乔布斯将从中受益匪浅。

但让我们想象一下，你已经尝试了上述所有这些步骤。你苦思冥想过，已经接受了不可知的事物，并且试图去解决问题。但是你大脑中"怎样/最好"的思维模式太根深蒂固了。你只是对不知道感到不自在，而且当你清楚地看到缺陷时，你无法让自己解决问题。如果在这一切之后，你仍然真正想要进行变革性创新，那么还有希望。事实上，我怀疑这实际上是我们大多数人需要走的道路。在这个世界上，福格蒂医生之所以罕见，有一个原因：自我突破是困难的。所以如果你身处其中，别担心。有另一个非常有效的方法可以用来突破你的思维，尽管这种突破不是由你本人来完成的。要用这种方法突破你的思维，你需要别人的帮助。

第5步：与你的对立方成为搭档

你如果是一个有着"为什么/有潜力"思维模式的人，就找一个拥有"怎样/最好"思维模式的人与你互补，反之亦然。我的建议是，在建构决策任务时，要使两位决策者有明显相反的观点，并且都必须愿意通过协作来做出决策。具体的运作方式是一个人不能否决另一个人。"怎样/最好"的人不能对任何新事物说"不"，而"为什么/有潜力"的人不能无休止地提出创意。事实上，这一步要求双方各自坚持自己解决问题的方法，以解决即将出现的不可避免的冲突。

建议双方在讨论之前独立对每一个创意进行评估。我和朱莉娅·明森、里克·拉里克把参与者分成两组，然后让他们回答一些他们非常不确定的问题，比如"宾夕法尼亚州有多少人"？然后，他们讨论了估算值，并给出答案。我们发现，讨论双方先独立评估，然后一起讨论得出的结果，这比50多名评委得到的结果还要准确。

安德森-霍洛维茨基金是一家非常成功的顶尖风险投资公司，被竞争者戏称为比尔·阿霍。马克·安德森和本·霍洛维茨是该公司的两位创始合伙人。马克·安德森是一位伟大的"为什么/有潜力"类型的思想家。在一个播客中，他与哈佛大学教授克莱顿·克里斯坦森讨论了颠覆性创新。在他的博客中，安德森发表了关于虚拟现实、中国和阿尔法城未来的评论。大家都知道他在开会时会提出"大问题"。Lyft是一家拼车服务公司，对此他说："不要想出租车市场有多大，要想如果人们不再拥有汽车怎么办？"对于二手交易平台OfferUp，他问道："如果所有的网上销售平台，包括易趣网和克雷格列表网都转移到手机上，会怎么样？这会有多大的市场？"

相比之下，他的合伙人本·霍洛维茨在网景公司（Netscape）磨炼了自己的管理技能，在那里他被提升为副总裁和总经理。在他的博客中，他写道："第22条军规是，如果你试图对那些'大事件'采取行动，你通常会造成很大的损害。为了使大公司朝着积极的方向发展，通常最好把重点放在小事上。"霍洛维茨讨论了实现新产品的本质以及如何建立和运营公司。

我不确定他们两人是否能分别完美地对应纯粹的"为什么/有潜

力"和"怎样/最好"思维模式,但很明显,他们看待世界的方式是相反而互补的。霍洛维茨没有试图在交谈中压制安德森,而是很欣赏他的大视角。安德森会将对话带到1万英尺①的高空,而霍洛维茨能把对话带回现实。然而,这两者之间的动态平衡使它们不会向任何方向过度倾斜。

结　论

我们对发明家的传统印象是"发明"出独特想法的人。通常我们只会将能肩负起创造发明责任的个人或英雄与发明家联系起来。

我认为这是一个非常狭隘的定义发明的方法。说出你崇拜的任何一位发明家的名字。如果某地的决策者没有同意这个人的创意,你就不会听到这个发明家的名字。决策者通过接受其他人产生的创意来进行创造。这意味着决策者,也就是我们组织的把关者和最初提出创意的人一样,也对创意发明负有责任。通过将把关者重新定义为发明家,你离变革性创新就更近一步了。

但是,如果你真的**想要**自我突破,而不是说说而已,那么你要准备好迎接不舒服的感受。你越觉得不舒服,越容易打破传统的思维方式。通过接受你不知道的东西和你的直觉来控制你的焦虑,这是一

---

① 1英尺=0.304 8米。——编者注

种方法。第二种方法是用你所知道的来**解决**问题,而不是找到问题。如果你将自己的角色设定为一个主导创新过程的发明家,而不是一个看似已经知道答案的领导者,那么你将有更好的机会接受你想要的创意,并在这个过程中改进它们。

第 5 章
克服他人对创造力的偏见

当肖恩·戴维斯原创的虾肉汉堡出现在《创智赢家》上时,他听从了许多创意销售大师的建议:**做好准备**。戴维斯对自己的一系列数据了如指掌。兜售创意的大师还建议他将自己的创意与已经成功的常见想法联系起来,以展示自己创意的价值。肖恩·戴维斯也听从了这一建议,将他的产品装扮成另一种类型的火鸡汉堡,并声称这是一项价值数十亿美元的业务。

这些策略奏效了吗?

没有。

后来,所有的鲨鱼都拒绝了这个项目,其中一位鲨鱼称肖恩的生意"有风险"。另一位鲨鱼说,"我对它一无所知",而且"我不喜欢虾"。不幸的是,对于鲨鱼来说,他们通过的这个决定让他们付出了巨大的代价。肖恩的哥伦比亚广播公司食品公司,在短短一年内收入就从 3 万美元飙升至 500 万美元。后来当被问及这个问题时,鲨鱼中一个叫马克·库班的人说，他在《创智赢家》中看到的最大的错误之一，就是错过了"虾肉汉堡"。

问题到底出在哪儿？那些兜售创意的大师遗漏了什么？

肖恩·戴维斯将他原创的虾肉汉堡与人们熟悉的火鸡汉堡进行了比较，火鸡汉堡是牛肉汉堡的替代品。几十年的研究表明，人们更喜欢现有产品而不是新的东西。其中的原因既不复杂也不深奥。在我所从事的领域，人们把这视为一个"**常识**"，一种朴素的自明之理。现状代表好的、降低不确定性、适者生存等等。因此，将你的创意与人们熟悉的成功创意进行比较，可能会引发人们的"现状偏见"（status quo bias，人们偏爱已有的、熟悉的创意），从而使大家更加不喜欢你的新创意。

当要说服人们接受他们以前没有尝试过的东西时，有一种影响策略可以控制所有人。很简单，就是告诉某人新创意或新产品就是现状。除了简要地陈述事实，你如何才能确切地使某人相信新产品就是现状呢？你可以通过三种不同的方式完成这项任务：

- 让他们反复接触产品，熟悉产品（重复广告）。
- 告诉他们产品已上市，而且存在的时间越长越好。
- 告诉他们，许多其他人，包括受人尊敬的个人或团队目前正在使用这种产品，这表明风险很低。

这三件事（**熟悉、存在和低风险**）让人们的不确定感大大降低，并且确信新产品会成功，而这正是人们需要的。

所以，接下来的问题是：首先，从本质上讲，创造性想法很可能是大多数人不熟悉的，如果有人对产品或创意的运作方式感到不安，反复接触反而会让他们更加困惑；其次，这种创造性的想法从未真正存在过，更不用说很久了；最后，创意理念太新，不能被广泛采用。因此，既然迎合现状是现存的最有力的说服策略之一，那么我们如何才能解决创意是"非现状"的这一问题呢？

有一件事是肯定的，将一个新创意与现有产品进行比较，会让现有产品（比如上述例子中的火鸡汉堡）看上去比你的新产品（虾肉汉堡）风险更低而质量更好。毕竟，适者生存，对吗？研究表明，这种直接的比较只能使人们更喜欢现有产品而不是新产品。

此外，一味地提示人们**不要**使用现有的创意、产品或方法，可能会适得其反。罗伯特·恰尔蒂尼和他的同事进行了一项实验，他们在亚利桑那州的石化森林国家公园的一条小路上放置了标志牌，这里平均每月有一吨的石化木材失窃，放置标志的目的就是减少人们盗窃石化木材的行为。这些标志上包含不同的信息：有些措辞很明确，有些则比较消极。写着"请不要搬走公园里的石化木材"的牌子，对防范盗窃行为产生了好的影响。写着"过去许多游客把公园里的石化木材拿走了，从而改变了石化森林状态"的牌子，反而导致盗窃行为的加剧。后一个标志牌强化了现状，当游客读到它的时候，他们会想，**如果每个人都可以拿走它，那么我也可以这么做。**

换句话说，你不能告诉人们不要做其他人正在做的事情，以此来正面攻击现状偏见。即使你准备了很多，有数据，有一个非常棒的故事，即使你的创意是有创造性的，它也不能让你免受现状偏见的影响。原因是，你的数据可能只是强调现有产品或创意更可取，它们已经存在很长时间了，而且很多人都在使用。

如果理性的说服策略会适得其反，那么你还能做什么？既然人们经常因为自己的感觉而拒绝创造性的创意，那么为什么不更加主动地预先处理这些不确定的感觉呢？

有三个基本的手段可以用来帮助激发他人的好奇心、降低焦虑感。我用一个缩略词来描述这三个手段：FAB。

FAB 分别代表"匹配"（fit）、"顿悟"（aha）和"扩展"（broaden），一个人感觉"匹配"后，会忽然"顿悟"，他的思路因而也得到了"扩展"，他对你的创意更有可能充满希望和兴趣，甚至感到愉悦，而不是沮丧、无聊或焦虑。

感觉"匹配"

西蒙·斯涅克在 TED 上有一个很受欢迎的演讲，他断言苹果之所以如此成功，是因为它从"**为什么**"开始，然后专注于"**怎么做**"，最后是"**什么**"。"如果苹果和其他人一样，"他说，"它的营销信息可能会是：'我们制造了一款很棒的电脑，它设计精美，使用简便，富有人性化。想买一个吗？'"他接着指出，这种营销方式虽然很典型，但是对消费者来说，通常是平淡无奇的。

斯涅克接着描述了苹果**实际上**是如何传达其营销信息的。正如他所说，苹果公司明确宣称："我们所做的一切，都是为了挑战现状。我们相信可以用不同的方式进行思考。我们挑战现状的方法是使我们的产品设计精美，使用简便，富有人性化。我们只是碰巧制造了很棒的电脑。想买一个吗？"他接着指出，人们喜欢这个**为什么**，这也解释了苹果的成功。

让我问你一个问题：你相信 IBM（国际商业机器公司）可以使用和苹果完全相同的策略吗？在你回答这个问题之前，我想让你做一个快速思考实验。你对 IBM 有什么印象？也许你不会联想到与创造力有关的形象，比如疯狂的发型和连帽衫。也许是美国大企业的形象。在一项研究中，当参与者看到 IBM 的标志时，他们认为它表现出的创造力比苹果的标志要少。有证据表明，人们认为 IBM 绝对不需要创造力。

因此，回到问题上来：如果 IBM 明确地说出来这一点（例如，"我们所做的一切，都是为了挑战现状……"），这对销售其产品有用吗？实际上，它已经尝试过这种策略。最近，它说服了最叛逆的音乐人鲍勃·迪伦参与其超级计算机沃森（Watson）的广告宣传。所以，让鲍勃·迪伦和沃森就爱情和音乐进行互动，应该会引发一个要打破现状、美、真理和爱情的明确目标，对吧？

嗯，太不相符了。这则广告被一名记者形容为怪异而令人毛骨悚然。2015 年 10 月，IBM 的股票暴跌，在商业广告播出后数月内继续下跌。为什么 IBM 不能像苹果那样做呢？

原因很简单，要"匹配"。以 IBM 和鲍勃·迪伦为例，两者缺乏这种匹配度。想要与众不同，想要美，就得打破现状，让电脑变得更容易使用，着装更得体（穿着像《星际迷航》中的演员和贾斯汀·汀布莱克等音乐人穿的那种高领毛衣）——所有这些都非常完美地匹配了我们对创造力的看法。因此，我认为西蒙·斯涅克只夸大了拥有"**为什么**"的价值，而忽略了这个非常好的例子的关键点。"**为什么**"之所以帮助苹果取得成功，只是因为它与苹果用来销售产品的所有提示相匹配。当多个提示匹配了我们对创造力的看法时，我们更喜欢有创造力的创意。我们有了安全感，因而不再寻找缺陷。

当提示不完全匹配（有些匹配，有些不匹配）时，你就会感到不安全：产品看起来怪异，叫人毛骨悚然。IBM 打出的这张"不安于现状"牌，并不能让我们有安全感，因为这种特征与 IBM 品牌形象不匹配。当我们感觉到不匹配时，我们会觉得不安全，会开始寻找缺陷。所以，虽然拥有这样一个巨大的"**为什么**"是非常好的，但是其他的细节如果都与之不匹配，就可能对你销售产品没有帮助。

这也可能意味着，假设苹果保持其创意品牌的形象，那么相对于苹果，IBM 将更难创造出消费者认为有创造力的产品了。创新产品与 IBM 品牌形象不匹配；高效且经验证的产品可能与它更匹配。

但这对苹果来说也可能意味着某种讽刺。苹果把其产品当作非现状产品来销售，可能会更艰难，因为它有很多产品与创新品牌格格不入。

以苹果手表为例，它的市场表现低于预期。苹果手表被广告称为第一款"面向大众市场的可穿戴设备"。我认为，这个产品表现不佳的一个原因，可能是苹果用了这样的广告语来销售它，这一广告语扼杀了消费者认定的苹果只与创造力和个性相关联的匹配感。从市场营销的角度来看，说某件东西是面向大众市场的并不是一件坏事，但"面向大众市场"如果与你的品牌所标榜的"与众不同""独一无二"不相符，情况就变得糟糕了。

我和杰夫·勒文施泰因发表了一项研究，归纳了可以用于传达你的产品具有创造性的典型提示。表5-1列出了所有的提示。我们发现，你使用的提示越多，人们就会认为你的产品越有创意。但请记住，为了在推销创意时让消费者有匹配感，你需要确保所有的提示都是一致的。你需要确保公司的品牌形象与你的创意相匹配，参与其中的人（例如首席执行官、名人或推销人）与你的创意相匹配，产品的属性与我们对创造力的定义相匹配（假设你销售的是一款创意产品）。强调你的产品是为大众服务的（因为它是一个大品牌、时尚，或希望为社会所接受），就会失去独特性，就会破坏美国人在评价创造性想法时的匹配感。

表 5-1　让人联想到创造力的提示

提示类别	提示说明	案例
范式转换	产品或流程在思维上所表现的重大变化。	苹果：非同凡"想"。
突破性进展	做一些别人没能完成或认为无法完成的事情。	谷歌：拉里和谢尔盖的任务是将看似无穷无尽的信息整合到网络中。
可能性	产品或流程带来未来的可能性。	埃森哲："当技术释放潜力时，精彩的创意就会出现。"《财富》杂志广告，2015年10月1日。
稀有性	产品或流程的特别之处。	国家地理：世界上独一无二的小屋。www.nationalgeographiclodges.com。
再利用	从一个环境中获取一些东西并使其适应另一个环境。	宝洁公司：ZzzQuil 被称为"不含感冒药成分的奈奎尔（NyQuil）"。
意料之外	情感反应——惊奇、惊讶。	2014年别克商业广告："嗯，重新审视一下别克，它可能会让你大吃一惊。"www.youtube.com/watch?v=xRk256k4pic。
艺术效果	产品或流程的美学。	设计精美的苹果专卖店销售的精美的苹果产品。
组合	整合功能、特性或其他具有代表性的不同方面。	《异形》被定位为"太空版的《大白鲨》"。
高新技术	关注技术的作用。	Chromat Aeros 运动内衣："在纽约时装周上走秀的高科技内衣。"《财富》杂志2015年10月1日评论。
愉悦感	参与某事的快乐或乐趣。	宜家：美好每一天。

即便如此，我和我的同事也有证据表明，和美国普通消费者相比，一个拥有"怎样/最好"思维模式的管理者，对创造性有着截然不同的定义。管理者认为，如果这个创意适用于大众（例如大品牌、

社会认可、广泛使用），那么它就是有创造性的。管理者也希望创造性的想法是非常可行的。

我意识到，这种观点与消费者的看法相反，也可能与你的看法相反。你是在为你的受众营造一种匹配感，所以重要的是**他们**对创造力的定义，而不是你的。如果你的定义与他们的不同，可能会有损于你向他们推销的能力。因此，当向经理推销创意时，你可以强调表5-1中的提示。经理们确实喜欢这些提示。当然，你还需要确保表5-1中的提示不会使你的创意与对大众具有广泛吸引力的创造力相冲突。对你有利的一面是，提供证据证明你的创意引起了投资者的兴趣，或者Facebook上有很多人点赞，这在一定程度上可以提高拥有"怎样/最好"思维模式的管理者对你的创意的认可度。

换句话说，匹配就是要确保你表达创意的方式符合你的受众对创造力的定义。不同的文化可能对创造力有不同的定义。例如，中国人对创造力的定义与管理者的定义类似。要在不同的文化中推销创意，在开始之前，你可能要更多地了解在这些文化中，人们认为什么是与创造力匹配的，什么是不匹配的。

匹配不仅仅是一个创意的特征，它也可能涉及一个人的特征。沃尔特·艾萨克森为爱因斯坦写的传记中，提出一个古怪的问题，如果爱因斯坦没有蓬乱的头发和炯炯有神的眼光，他还会成为科学界最杰出的海报男孩吗？艾萨克森说他当然会。那他一定会吗？有许多伟大的科学家取得了突出成就，可以说他们的成就即使不比爱因斯坦伟大，至少也和他一样伟大。但是我敢打赌，如果你拿出这些科学家的一张照片，一般人说不出他们的名字。我还敢打赌一般人会认出爱因斯坦。不仅如此，大学生的宿舍墙上还贴着爱因斯坦的海报呢。用什么来解释我们对爱因斯坦印象深刻，而对其他科学家却丝毫没有印象呢？

我和我的同事杰克·贡萨洛，以及圣迭戈大学的普里亚·卡纳安·纳拉辛汉想测试一下我们所谓的"疯狂发型假说"。我们的想法是，偶然的特征，比如一个人的发型，是否会影响其他人对他的创意的喜欢。我们使用了一款应用程序，允许在同一张图片上改变发型——让一个男人拥有疯狂的发型，比如文斯·沃恩在电影《全职浪子》(Swingers)中的发型，或者传统发型。我们给参与者讲述了一个背景故事，让他们想象自己是企业高管，正坐在长途航班上，身边的一位同事给他们提出一个建议。然后，我们指派参与者观看疯狂的或传统的发型图片（代表提建议的同事），同时附上一个实际的（比如在飞行中进餐）或者创造性的（比如在飞行中赌博）建议。我们发现人们都喜欢匹配的！他们更喜欢头发蓬乱的同事提出的赌博建议，更喜欢拥有传统发型的同事提出的就餐建议。但当头发蓬乱的同事提出用餐建议或拥有传统发型的同事提出赌博建议时，他们就不那么喜欢了。

我怀疑，我们崇敬爱因斯坦的原因之一是，他所有的特质都与我们对于什么样的气质有助于人们产生创意的看法完美匹配。也就是说，他是一个叛逆者和局外人。爱因斯坦一生都在与传统教育做斗争。在获得博士学位后，他无法找到一份传统的学术工作。他坐在一家政府专利局的办公桌旁，写了自己的第一篇突破性论文。虽然他也有一些与创造性工作无关的品质，但是他**看上去**就像个有创造力的人。我认为，在提出一个创意时，这个人的外表和公司的品牌形象或产品的创造力一样重要。我们不希望无聊的人向我们兜售什么想法。我们迫切想要匹配感。

一些附带的特征，比如一个人的发型，会对我们认为是否匹配、是否喜欢他们的创意产生影响。但当涉及非常规的外表时，我要提出一个警告。当我和我的同事们对所有不同形状的发型进行引导测试时，我们很难找到一款被认为有吸引力的非常规发型。一般来说，人们认为夸张的、五颜六色的、稀奇古怪的发型看起来不那么吸引人。无论对男性还是女性，我们都发现，只有当古怪的发型看起来像传统发型一样有吸引力时，才会让人喜欢上有古怪发型的人的创意。当你想让你的外表富有创意时，千万不要尝试做一些过分古怪的事情。我曾听说一位企业家在一次推销活动中穿得像只香蕉，而风险投资者们觉得这毁了他的信誉。当你在让自己的外表创意与众不同时，你不会从0变为1，而将从0（一个穿西装的人）变成另一种0（一个穿黑色高领毛衣的商人）。所以，为了让你的创意形象对你有利，你需要一个看起来像你的传统形象一样有吸引力的奇特外表。

总而言之，匹配的三要素就是确保你的公司品牌形象、产品和个人形象,完全匹配你的目标受众对创造力的看法。不匹配会扼杀消费者、决策者或同事对创意的接受。

"顿悟"策略

联美电影公司的一位高管拒绝参与《星球大战》这部电影,因为他把它当成一部幼稚的迪士尼动画片,认为无法激发人们的想象力。这位高管指出,与《2001太空漫游》不同,《星球大战》虽然获得了经济上的成功,却没有哲学意义上的寓意和忧虑。

你在看到这段话时,可能会自以为是地认为,**这是一个多么愚蠢的决定啊!**你可能也会感到困惑,为什么这位高管会把《星球大战》与《2001太空漫游》相提并论。它们都是科幻片,但属于不同类型。所以你可以把这个决定归因于在"怎样/最好"思维模式下,拒绝一个创造性想法的条件反射。

联美公司的这位高管还指出,《星球大战》未能激发人们的想象力。这种评价一点儿也不令人惊讶,因为你在本书第3章中已经读到决策者识别创造性想法的方法。对于一个担当决策角色,并且具有"怎样/最好"思维模式的人,花钱多、代价大和冒风险的创意,与赚钱和维护个人声誉等自我利益相冲突。因此,这位高管说《星球大战》缺乏创意是有道理的,这为那些被认为关心并擅长评价创造力的人,提供了一个很好的理由,即使地球上其他人都认为某个想法非常有创意，他也可能会拒绝它。

但我们可以从另一个角度思考对《星球大战》的这种反应，这是我们在尝试做出变革性创新时可以借鉴的。这位高管以这种方式评价《星球大战》的部分原因有没有可能不光是决策失误？《星球大战》的包装和宣传方式可能也存在问题？这种拒绝在一定程度上不也是一次失败的推销吗？

很多人都知道，卢卡斯的经纪人杰夫·伯格和律师汤姆·波拉克在出售《星球大战》时甚至不知道故事的内容。这可能不是他们的错，因为关于这部电影，卢卡斯给他们的所有资料只是13页手抄的摘要。此外，在宣传这个故事时，他们把它称为"大型科幻/太空探险/飞天大战事件"。

如果你用一种"怎样/最好"思维模式阅读这份摘要，你可能会立刻想到，啊哈！卢卡斯应该有一个详细的提纲，比如运用图形小说或故事脚本进行的可视化描述。他的律师和经纪人应该已经估计了相似类型电影的市场规模，展现了电影的潜力。但事实上，我认为这两种做法都不会有太大帮助。故事脚本和样片展示确实有助于推销创意，尤其是渐进式创意（比如电影续集），因为这些类型的推销技巧非常匹配用"怎样/最好"看问题的思维模式：它们能让人们沉浸于细节之中。但是创意好比各种不同种类的动物，因此需要不同方式的照顾和喂养才能生存并茁壮成长。

在故事脚本、剧本、样片展示和拿铁咖啡拿出来之前，我认为在推销创意时还有关键的第一步。这个第一步在销售给一个有着强大的"怎样/最好"思维模式的人时，尤其重要。如果卢卡斯迈出了第一步，我敢打赌只需要4个词语就能把《星球大战》卖出去。说实在的，如果把它拿回来，我认为《星球大战》可以分成两部分来卖。我先解释一下原因。

这位联美电影公司的高管将《星球大战》比作迪士尼动画片，令人意外的是，还把它比作《2001 太空漫游》。为什么呢？

正如第 3 章所言，我们在评价一个创意时，总要套用已有的定式。当选择参考点时，我们通常会在脑海中寻找那些最理想或最具代表性的固定模式或类别。例如，我们大脑中会有一个关于科幻电影的固定模式。如果你是 20 世纪 70 年代初的电影公司人员，《2001 太空漫游》就是你想效仿的，因为它是当时最成功的科幻电影。另外，我们的大脑中还有一个关于创造性想法是什么样的固定模式（例如与众不同、突破性、范式转换、赢利）。

当你把一部像《星球大战》这样的新电影和一部现有的成功的同类电影（比如《2001 太空漫游》）进行比较时，它们的相似之处看起来很惊人（例如，两者都有宇宙飞船，都有 AI），这表明新电影《星球大战》并不是那么新或不同（创造性）。正是这个原因，如果你做了这种比较，《星球大战》可能就不适合你大脑中的创造力盒子。

尽管如此，将《星球大战》与《2001 太空漫游》进行比较，它们之间的差异还是相当惊人的，而且这对《星球大战》也不太有利。

你可能会认为《2001太空漫游》之所以伟大，是因为它在影迷中引发了深刻的哲学思考。于是你会合理地得出一个结论：科幻电影需要一些深刻的哲学思想吸引观众和卖票。显然，《星球大战》没有那种特性。从本质上讲，它就是把一个古老的关于西部牛仔和印第安人阴谋的故事放到了另一个遥远的星系。

现在，这位联美电影公司的高管正在寻找另一个类别来解释《星球大战》和《2001太空漫游》之间的这种不匹配。他也将《星球大战》比作迪士尼动画片，当时迪士尼动画片被视为只有孩子才会看的东西，很幼稚，也不具有广泛的吸引力。

所以，当你只是向某人描述一个创意时，即使你告诉他为什么这个创意很重要，也仍然要依靠其他人进行比较，帮助他准确地评价你的创意。问题是，创造性想法**重新定义**了一些东西，我们知道产生一个创造性想法需要你跳出思维定式，从一个熟悉的定义转变为一个新的定义。但是，由于人们的工作是识别创造性想法，他们往往不会跳出思维定式去思考，而会选择在思维定式内进行比较，看看你的创意是否匹配现有的思维定式，所以你现在陷入困境。

更糟糕的是，如果你提出一个你认为有创意的想法，你已经看到这个创意的新定式，以及它是如何与旧定式连接起来的。这种联系对你来说是显而易见的，而事实上，很明显，你可能不明白为什么别人没有看到它。你可能没有意识到，对另一个人来说，看不到这种联系是完全正常的。这个人只是看到他一直在看的那个定式，并认为你的新东西不太匹配那个定式,所以结果不会那么好。

想想看,当看到一些对你来说毫无意义的东西,与你所知道的任何东西都不匹配,或者与你认为预示着成功的东西不匹配,你会是什么感觉。我们不妨玩一个击拍游戏。奇普·希思和丹·希思在一本精彩的书《让创意更有黏性》(*Made to Stick*)中,描述了这个游戏。游戏是这样的:找一个搭档,两人面对面坐在一张桌子旁。你想一首歌,但是不要把它唱出来,而是跟着节拍在桌子上轻轻击叩几秒,看你的搭档能否猜出这首歌的歌名。你能听到音乐吗?当然可以,声音清晰响亮。现在问问你的搭档他能否听到音乐,并猜出这是哪首歌。然后你们可以交换角色,看你能否猜到你的搭档正在轻叩的那首歌。

当我看到人们玩这个游戏时,大多数情况下,听的人都猜不出。这就是我们推销创意时经常发生的事情。我们听到美妙的音乐,看到事物之间的联系,它们就在我们的脑海里。但另一个人听到的只是"砰砰砰"的叩击声,看到的也完全不同,甚至截然相反。

马特·克罗宁和杰夫·勒文施泰因的著作《创造力技巧》描述了人们是如何产生创造性想法的。他们总结了许多很棒的策略,其中有3种对我来说特别重要,因为它们与变革性创新有关。具体来说,它们描述了**类比、结合和重新分类**如何帮助人们获得一个"顿悟"时刻。我相信你也可以使用这3种"顿悟"策略来扭转你的听众的洞察力。也就是说,你可以设计出一种创造性的洞察力,类似于一个人最初产生创意时的感受,目的是推销这个创意,让别人喜欢并愿意接受它。

"顿悟"策略：类比

那么，乔治·卢卡斯和他的团队怎么能用 4 个或更少的词语，来帮助联美电影公司的高管们"听到音乐"呢？可以使用被我称为"**顿悟**"**的策略**。"顿悟"策略旨在帮助其他人看到两件很难联系到一起的事情之间的联系。一个优秀的创意推销策略旨在快速而巧妙地使新事物的独特效用变得明显。换言之，与其让决策者选择要进行的比较，并承担你的创意看起来太相似或者不匹配的风险，不如你使用"顿悟"策略提供一种比较，帮助他们理解为什么这个创意对他们来说是有意义的。

一个强有力的"顿悟"策略是**类比**。类比是将一件事与另一件事进行比较（例如，身体的循环系统就像房子里的水管）。类比拓宽了我们的思维，而不会让大脑被所有的小细节压得喘不过气。类比可以快速有效地传达一个新创意的成功潜力、感觉、工作原理以及用途。

然而，并非所有的类比都有利于进行变革性创新。如果类比是在同一个类别内进行的（例如，《星球大战》就像《2001 太空漫游》一样），那么它对于变革性创新就没那么有用了。把你的创意和现有的创意放在同一个类别中进行类比，好一点儿的情况是，你的创意看起来会很普通，或者只是不适合这个类别；不好的情况是，这种类比会引起现状偏见。

要想知道你的类比是不是有助于推销你的创意，一个好方法是仔细思考它能否说明你的创意会帮助你想说服的人实现他的目标。在电影行业，高管们的目标是赚钱，对吧？

如果我要推销《星球大战》，我会把目光投向当时在经济方面非常成功，但属于完全不同类别的其他电影。在20世纪60年代后期，有很多非科幻类型的电影，比如《英雄之旅》《反叛者》《战争》《坚强的女英雄》。《黄金三镖客》《西部往事》等西部片都是风格独特的作品。

所以，如果是我推销《星球大战》的话，我会把它称为"《正午》的太空版"。《正午》是20世纪50年代最成功的西部片之一，用这个比喻就能让人联想到美元的符号，无须对金钱做任何解释。展示《星球大战》和《正午》这样的西部片之间的联系，也能让人立即看到完全不同的事物之间的相似之处。"千年隼号"可以理解为牛仔心爱的战马，而爆能枪是一把六发式左轮手枪，太空中的战斗就是在城镇广场上的摊牌。当我们看到非常不同的事物之间的相似性时，这种相似性就匹配了我们大脑中对创造性的所有提示（例如范式转换、稀有性、再利用——表5-1中的所有提示）。事实上，我们可以将这些相似之处形象化，这也让我们看到这个创意在未来成功的可能。

类比尤其有效，因为它能让听众得到一个"顿悟"时刻，这样的"顿悟"时刻，对于创意者来说，他在第一次想出这个创意时就有过。在发表演讲时，我要描述的创意产品被认为是具有高度创造性的。其中一个创意是跑鞋，它利用纳米技术改变鞋子面料的厚度，以减少水泡和脚冷。当我向人们展示类似这样的创意时，他们往往会发笑。当我问为什么时，人们会给出一些非常有趣的回答，包括"想到一些我以前从未想过的事情，觉得很有趣"、"我只是喜欢它"，甚至是"它看起来有些奇怪，但我明白这么做是有道理的"。

识别一个创意是非常快乐的一件事。我和杰夫·勒文施泰因发现，人们将创意与快乐、惊喜等感觉联系在一起。事实上，特雷莎·阿玛比尔、西加尔·巴萨德、巴里·斯托和我写过一篇关于积极情绪和创造力的关系的论文。我一直喜欢的一个发现，在这篇论文中却常常被人忽视，那就是当人们理解了创造性*之后*，往往会体验到快乐。

通过使用类比的"顿悟"策略，你可以让听众更容易产生与你第一次产生创意时相同的积极反应。我们得到的这种积极反应，就像是将所有的拼图碎片合在一起，并使其有了意义。类比为其他人提供了一个框架，用来组织所有丰富的细节，使你的创意突然而明显地与他们头脑中的创意定式匹配在一起。

这就解释了为什么人们经常把一个创意描述得如此简单，就像**事后**看起来那样明显。看到这种简单性的人，他的脑海中可能也有一个类比，能帮助他瞬间理解这个创意。这也意味着一个人审查一个创意，可能会认为它非常简单明了，而另一个人在审查同样的创意时，却认为它非常普通和烦琐。第一个人看到的是与另一个完全不同类别创意之间的联系，而第二个人被困在同一个思维定式里，他注意到这个创意与定式里的其他例子都不太匹配。

以美国租衣平台"Rent the Runway"为例，这家公司的用户可以通过一个在线门户网站，选择租借 3 件由设计师设计的手袋、太阳镜或裙子，每月只需支付 49 美元，包含运费和保险费。当我介绍这些基本信息时，你可能会立刻认为这个创意很普通。服装租赁商店极为平常，已经存在几十年了。不仅如此，典型的服装租赁店通常都有实体店，你可以去那里试穿衣服。你可能会理所当然地想知道，一个在线系统如何确保发送给客户的衣服实际上是合适的。每一个对时尚感兴趣的人，都知道高级时装很难做得非常合身，因为它的尺寸和普通服装非常不同。

但是，我如果给你一个关于这个行业的类比——"时尚界的网飞公司（Netflix）"，你就能更好地理解这个商业模式，而不会陷入细节的泥潭。因为最初网飞公司的经营模式就是：订阅并接收电影邮件，列出你想看的电影，还回一部再看下一部。对消费者来说，他们都非常熟悉这些，这会立即使 Rent the Runway 的价值变得显而易见。在 Rent the Runway 采用了这一类比之后，其 2013 年至 2014 年的订单增长了 122%。这个类比让消费者有了"顿悟"的时刻，就像企业家自己想到 Rent the Runway 运营模式的那一刻。

"顿悟"策略：结合

结合是另一个有效的"顿悟"策略。通过使用结合策略，乔治·卢卡斯可以通过两个词来销售《星球大战》：太空、西部。如表 5-1

所示，结合是人们用来确定某事物是否具有创造性的一个提示。像类比一样，结合可以给你的听众一个参考点。结合不是指出一件事物与另一件事物是相似的（就像一个类比），而是强调将通常不相关的两个事物通过结合产生新的元素。

像类比一样，结合也给了听者一种创造性的体验，通过向他们提供构建模块，让他们快速有效地理解特定创意的独特用法。当我们很快理解某件事，并看到之前并不清晰的事情之间的联系时，就像是体验到一种"顿悟"或豁然开朗的感觉。

还记得 20 世纪 70 年代早期发明数码相机的柯达工程师史蒂夫·萨松的故事吗？这个故事之所以有名，部分是因为它的极端讽刺性。尽管数码科技诞生于柯达，但是柯达的高管们并未采用这项技术。这一决定被认为是柯达在 2009 年破产的直接原因。

你可能认为这是一个对创造力存在偏见的例子。我也是这么认为的。但当我读到当初数码技术被介绍给柯达高管们的细节时，我意识到，柯达对这个非常有创造性的创意做出的奇怪决定，可能还有另一种解释。

早在 20 世纪 70 年代早期，当史蒂夫·萨松准备将第一台数码相机的创意推销给高管们时，他就采用了一种结合式的"顿悟"策略来描述它。他告诉高管们"把它想象成一台带镜头的惠普计算器"。

这样的结合你认可吗？

对我来说，一台惠普计算器让我联想到某种复杂而笨重的东西，它与记录记忆无关,更多的是与记录数据有关。当然,这可能是因为我不是工程师。如果我是一名工程师,那么我也许会喜欢这种结合。一个工程师可能会理解制造强大的惠普计算器所使用的技术,并了解如何将它们与镜头结合起来制造一款革命性的新相机。换言之,带有镜头计算器的类比,可以告诉你这项技术是如何运作的,但它对消费者或管理者理解这个难题所提供的帮助太少了。

高管们想知道,为什么会有人想在电视机上看他们的照片。这是因为史蒂夫·萨松在第一次演示数码相机时,他给坐在会议室里等着看这项技术实际应用的所有高管拍了张照片。捕获图像只需要一瞬间,但将图像传输到盒式磁带上花费了 20 多秒,而将低质量(100 像素 × 100 像素)黑白图像加载到电视机上又花费了 30 秒。当高管们看到他们的脸出现在电视屏幕上时,他们很感兴趣,但一直没有弄清楚消费者会不会喜欢。考虑到这种不温不火的反应,柯达后来认为没有必要创造出一种与胶卷竞争的产品,来"蚕食"自己的市场份额,这是有道理的。

萨松是一位杰出的工程师,如果他是在向其他工程师推销,那么他很可能会成功。问题是,这种结合并不符合高管们心目中的目标,他们根本不关心这个创意是如何运作的。高管们自己也想知道为什么这个产品很有用:为什么消费者选择购买它,柯达追求这款产品可能会获得怎样的竞争优势。

萨松设计的这样一个有效的结合策略推销创意的过程,是否让消费者的头脑中产生了一个明显的用途，或者让高管的头脑中有了一个可感知的竞争优势？我认为是的。柯达当时最大的竞争对手之一是宝丽来这家第一款"即时"相机的开发商。当我们还是孩子时，常常用一种叫作"拍立得"的相机（不是柯达产品，尽管柯达也有一款类似的竞争产品）拍摄照片，它能立即在我们眼前展现一张实物照片。因此，当时消费者（以及柯达的高管们）已经想到一个独特的用途，那就是即时照相机。

此外，那时只有电视明星和电影明星能够出现在电视上，如果20世纪70年代能在电视上看到自己的照片，你会有什么感觉？也许像电影明星？如果萨松给他们展示他的发明，把他们的照片放在电视屏幕上并告诉他们，他们就是"即时电影明星"，想象一下，柯达的高管们会是怎样的感受呢？

谁也不知道"即时电影明星"这样的结合是否足以打败20世纪70年代柯达"怎样/最好"的思维模式。关键是，我们不能低估将数码相机推销给高管们的方式，这项原本可以挽救公司的技术却被彻底否决了。

当设计一个结合（或类比）策略来推销一个创意时，你需要非常仔细地考虑你的受众的目标。如果你的受众是关心事物如何运作的工程师或设计师，那么使用一种结合策略帮助他们理解一个创意的内部工作原理，就可以很好地推销这个创意。然而，如果你的受众是由消费者或终端用户组成的，那么他们可能不会太在意这个想法是如何运作的。实际上他们甚至可能也不想知道它是如何运作的。终端用户可能想知道的是这个创意将如何解决他们的具体问题。

我们来看看"马桶通龙头"（toilet to tap）这一结合。政府曾尝试将它推销给那些将废水转化为饮用水的处理厂。这实际上是一个非常有创造性的好想法，有助于解决加州与干旱相关的一些极其重要的问题。

当然，"马桶通龙头"这句话押头韵（toilet、to、tap 三个词的首字母发音相同），对于一个工程师或者一个关心问题如何解决的人来说，它看起来像是一个聪明的、非显著性的结合。就此而言，对于一个政治家来说，这个创意可能是具有**经济效益**的。实际上，"马桶通龙头"的成本只有海水淡化的一半，而且比进口水价格要低。因此，利用"马桶通龙头"的结合推销这个解决方案，说服美国的工程师和政治家，会是十分有效的。

但是对于像你我这样的终端用户来说，"马桶通龙头"的结合存在一个极其恶心的问题。当你读到报纸上关于"马桶通龙头"计划的争议文章时，那些描述这一问题的科学家会给出更恶心的细节，比如"它没有味道""它经过了很多处理"。哇！我们很难看到"马桶通龙头"这一结合，如何解决让消费者接受的问题。这就像把一家夜总会说成"没有呕吐物"一样，并还补充说，"它再也没有气味了！""我们必须努力地清理它"。

那么，当你的创意涉及一些社会不能接受的东西时，你会怎做（比如废水？一个结合策略包含了先前事物的一部分，在这个例子中，它被视为令人不快的）？但是结合也可以将一些令人不快的东西转化为好的东西。

以麻省理工学院的一家初创公司 AOBiome 为例，该公司的一位高级经理已经 13 年没洗澡了。AOBiome 认为洗澡是一件坏事，因为它会破坏皮肤上的天然细菌，这些天然细菌能保护你免受各种疾病、痤疮、湿疹等的侵害。AOBiome 的旗舰产品 AO+ 喷雾剂采用一种用于皮肤富营养化的 N-氨氧化细菌。我们来想象一下，你试图描述这种产品并推销它，然后告诉一位顾客把它喷在脸上，说它"没有一点儿臭味"，太恶心了！

《纽约时报》杂志的一名记者在一篇题为"我的无皂、无洗发水、富含细菌的卫生实验"的文章中介绍了 AO+。这篇文章在 2014 年 5 月被疯传，并在一个月内占据了电子邮件发送量最大的位置，这让 AO+ 进入公众视野。这篇文章发表后，这家初创公司在两周内收到 2 万多封电子邮件，要求购买该产品。这篇文章标题所做的是结合了两件被认为相反的东西：细菌和卫生。这种结合让人惊讶，因为它把意想不到的事情联系在一起，还把一些恶心（细菌）的东西转变成相反的好东西（卫生）。

沃顿商学院的乔纳·伯杰和凯蒂·米尔克曼最近进行了一项研究，他们调查了《纽约时报》的哪些文章在邮件中的发送量最大。他们发现，人们想要分享具有实用价值的东西，但每一点都同样重要

（如果不是更重要的话），包括这篇文章是否让人们感到**有兴趣和惊讶**：当人们有了"顿悟"体验时，最有可能产生这两种感觉。

AOBiome 和"马桶通龙头"的倡议都是解决重大问题的好创意，但只有 AOBiome 的产品被广泛采用。记住，要使"顿悟"策略发挥作用，你必须强调解决方案如何解决你的受众所遇到的问题。有时你可以把对立的东西结合起来，以积极的方式吸引注意力，就像 AOBiome 做的那样。但其他时候，比如"马桶通龙头"，你不太可能把任何东西和消费者想喝的**马桶水**结合起来。在这种情况下，结合策略可能不起作用，而类比策略也可能不会让你取得多大的进展。如果遇到这一处境，你还可以考虑另一个策略：重新分类。你可以将你的想法重新分类（例如"马桶通龙头"）为人们真正想要的东西（例如干净的水）。

"顿悟"策略：重新分类

有时，我们需要改变人们对某个特定创意的看法，以证明那些最初与我们对于世界如何运转的看法不契合的创意，实际上是完美匹配的。我们来看看现役指挥官布赖恩·德莱尼的情况，他是一名瘫痪的美国海军军官。花一点儿时间来理解这句话。海军对不能行走的人的一般政策是实行因病退休。那么，为什么海军会同意让布赖恩·德莱尼继续服役，而且是作为一名指挥官？意外吧！

2013 年 10 月 30 日，德莱尼指挥官在他的"哈珀斯号"军舰上工作了一整天后，骑着摩托车回家。他转弯太快，撞上了护栏，脊髓断裂。当得知德莱尼再也不能行走时，海军医疗委员会认定，他应该因病退休。

虽然这一决定在预料之中，但德莱尼指挥官仍然觉得他可以做出一些贡献，并希望继续服役。圣迭戈一位资深的海军官员同意德莱尼留在部队担任支援角色，并游说海军人事司令部让他继续工作。当这位海军官员被问到如何说服人们允许德莱尼继续服役时，他说这是因为德莱尼以前有着出色的表现和能力。当被问及他使用了哪些具体策略时，他说："当我想到领导力时，我不会想到领导者的身体素质。我想到了他的性格，正直、忍耐、有魅力，这包括了所有人的特质。这是一个徘徊在死亡门口的人，他忍受着令人难以置信的痛苦，凭着韧性和毅力以及活下去的愿望……他死过三次！"这位海军官员所做的就是把德莱尼的弱点和瘫痪重新归类为领导能力，也就是身体和精神上坚持不懈的韧性。

人们通过将事物划分成定式或类别来做出决策和评估。分类有助于我们有效地驾驭世界。在第 2 章中，我们了解到人们的隐性观念往往是按类别组织的。例如，人们有一种隐性观念（成见）：领导者是强大的和有魅力的。所以当看到有人表现出一种软弱的特质时，我们会认为他不属于领导者的类别，把他归类为非领导者。

但是这位海军官员所做的是重新定义并扩展了力量的定义，他加上了精神上的坚忍和生存的意志。通过以一种与德莱尼的特质相一致的方式拓展对力量的定义，他很容易就将德莱尼的弱点重新归类为力量。事实上，这位官员巧妙地把德莱尼的自强不息作为他是领导者的**理由**。

考虑一下产假政策，也就是允许妇女在孩子出生后在家待一段时间的政策。把这项政策定义为"产假"，强化了这样一种成见，即女性应该被归类为家庭，而不是工作。相反，男人是属于工作的。有一个很好的例子：没有陪产假，或者即使有，也只是很短的一段时间，更像是一个私人假期。

为此，许多妇女拒绝休产假，以避免被人冠以更关注家庭生活而非工作的污名。例如，在2005年之前，普林斯顿大学只有不到3%的女教师休了产假，但当产假被重新定义为"育儿假"并延伸到父母双方时，这个数字急剧增加。通过将"产假"重新归类为"育儿假"，你可以将家庭生活的定义扩展到既包括女性，也包括男性。这有效地减轻了那些希望被视为忠于工作的女性的耻辱感。

用"顿悟"策略讲述创造性故事

我们从奇普·希思和丹·希思的《让创意更有黏性》一书中了解到，讲述情感故事对于帮助人们记住和运用我们的创意很重要。然而，当涉及创造性的想法时，我们讲述的故事需要稍做修改，以适应这样一个现实，即这些想法并不总是符合听众的认识和期望。

如果你只是讲故事，给人们看数字，别人在你这里听到的可能只是"砰砰"声,因为在他的脑海里,他正在把你的创意比作一些特别奇怪、不合时宜的东西。这正是为什么即使重复的广告增加了创造性的想法,也往往会失败。

因此,在深入了解实际故事的细节之前,你先简要回顾一下:为听众提供一个类比、重新分类或结合的策略,给他们一个熟悉的参考点,但这可能与你提出的创意有很大的不同。通过将你的创意与其他不同类别的创意进行比较,你会让听众更可能拥有一种创造性的"顿悟"时刻,这种时刻会产生好奇、享受和惊喜的感觉,也就是人们想要分享、购买和接受创意的感觉。

扩 展

当涉及接受创造性想法时,更广泛的关注可以帮助人们对所有关于新创意的未知事物感到更舒服和更有希望。与其以展示现有创意价值为目的进行推销,不如以**扩展**其他人的角色(从专家变成发明家)为目的。

换句话说,给专家决策者一个问题,让他们去解决,或者积极推动他们解决一个问题,将他们的身份转换成发明家的角色。首先,你可以通过征求反馈,让决策者和你一起对你的创意集思广益。我喜欢把这种策略称为**反馈推销**。

扩展策略：反馈推销

人们倾向于对自己的创意说"是"，这一点你知道吗？实际生活中，我们知道当人们拥有令人自豪的创意时，他们会认为这些创意显示了自己的天赋，比其他创意更有可能成功。这可能不会让你感兴趣，但如果你允许别人对你的创意做一些小小的改变，就会极大地增加他们同意你的创造性解决方案的可能性，这时你可能会很感兴趣。

如果你想提高创意的品质，从不同类型的人那里寻求大量的反馈是一个很好的策略。一旦有人给你一个创意的反馈，你就有机会了。你如果落实了他们的反馈，并让他们知道你的感谢，你就已经增加了他们将来会对这个创意说"是"的可能性。这有两个原因。

- 首先，既然他们已经做出改变，他们在心理上就拥有了这个创意的一部分。当我们在心理上对某物产生拥有感时，我们就愿意接受它。
- 其次，当我们第一次接触新创意时，在心理上它们似乎是遥远的（例如抽象的或外来的），并且可能是奇怪的，但是当我们自己的反馈融入这个创意时，这个想法突然变得更具体、更熟悉、更安全，所以我们也更喜欢它。

对于反馈推销的一个利好消息是，这些改变并不一定要很大并产生很大影响，才能满足其他人对创意的满意度。措辞上的细微变化或格式上的变化有时足以让对方觉得自己拥有这个创意，并且更喜欢它。

另一种推销创意的方法是把推销变成一个解决问题的过程，在这个过程中，你要寻求合作，以便让创意变得更好。加州大学戴维斯分校的金伯利·埃尔斯巴赫和斯坦福大学的罗德·克雷默对好莱坞的宣传方式进行了研究，艺术家在向制片人推销电影创意时，把制片人的建议考虑进去，并与他们合作，制片人更有可能认为这个艺术家具有强大的创作潜力。

分清寻求反馈和寻求帮助之间的区别是很重要的。寻求反馈时，你可能会说："我认为这个创意有潜力，你认为呢？"寻求帮助则需要你承认你以前解决问题的方法失败了，你需要一个新方案来解决它。你在寻求帮助时可能会说："我尝试过很多不同的方法来解决这个问题，但它们都不起作用，你有什么想法吗？"

寻求他人帮助是一个很好的策略，这可以提高你产生创造性想法的能力。当你寻求帮助时，你会得到更好的信息，因为对方不会推荐你已经采取或考虑过的东西。相反，当你向另一个人寻求帮助时，她会很努力地向你推荐一些你还没有尝试过的新东西。你获得有价值的解决方案的可能性达到了最大化，因为它不同于你一直使用的失败方案，因此更有可能解决问题。

然而寻求帮助也有很大的缺点，这一点非常重要。我和迪山·卡姆达尔在几个组织中收集了数据。寻求帮助通常与产生创意呈正相关。然而，寻求帮助也会损害寻求者的声誉。寻求帮助与人们是否认可你是一个领导者、执行力是否强以及总体能力是否强呈负相关。简而言之，寻求他人帮助的人可能会获得巨大的信息收益，但会面临巨大的声誉成本。我和阿什利·谢尔比·罗塞特和戴夫·莱贝尔的合作研究表明，男性领导者尤其如此，与寻求帮助的人相比，那些不寻求帮助的人会被认为更具有领导才能。

寻求反馈与寻求帮助有很大的不同。当你寻求反馈时，你不会寻找你还没有考虑过的信息。当你寻求反馈时，你试图了解的是对方对你创意的看法，以及他会做出哪些改进。寻求反馈并不意味着你需要对你的创意说任何负面的话，你只需要问："你觉得怎么样？"当你问这个问题时，你更有可能收到以前听过的信息或想法。但没关系，你的目的不一定是让这个创意变得更好（当然如果能做到这一点的话就更好了），你的目标是**卖掉**它。

当销售电动汽车时，推销员知道如何应对里程焦虑。当销售保险时，推销员知道人们要了解为什么保费如此之高。但是，当涉及创造性想法时，很难准确地预测人们可能会有什么样的担忧。所以与其花费精力去做一些可能是浪费时间的事情，为什么不直接问他们呢？

实现反馈推销有 5 个步骤。

第 1 步：列出你需要得到批准的所有人的名单，这样你的创意才有可能一路绿灯。除了你的高层经理之外，不要忘记负责审批的跨职能部门领导（例如法务、研究和开发等你的团队之外的其他部门）。

第 2 步：制订一个计划，与每个人进行一对一的接触，预留出充足的时间与他们沟通，做出一些你们双方都能接受的改变。根据你的公司文化，你可以决定这些会议是正式或非正式的（例如举行正式会议，午餐时、饮水机旁或走廊里的闲聊）。

第 3 步：当向某人征求反馈意见时，抓住这个机会把反馈会议变成一次合作。如果决策者告诉你他们不喜欢某件事，不要试图为你所做的这些辩护。相反，问问他们该做些什么来改变创意并使之更好。然后进行讨论并集思广益，讨论是否有办法让他们的意见更符合你的愿景。

第 4 步：跟进每个人，感谢他们的反馈并展示你是如何实施的。让他们知道这些改变使最初的创意变得更好（假设你这样认为）。

第 5 步：征求他们的同意。反馈推销的要点是尝试与决策者进行更多的协作，而不是使用传统的推销方法。在传统的推销方法中，你试图推销和维护你当前所能提供的产品。当推销一个有创意的想法时，你是在推销一个可能还不存在的东西的潜力。

你可能会担心地说："我不希望决策者把我的创意归功于他们。"我理解你的这种担心。但是，即使你不使用反馈推销来告诉他们你的创意，决策者也可以把你的创意归功于自己。他们可以吹嘘说，"正是我的远见让这个创意得到了资助"，等等。史蒂夫·乔布斯经常被指控窃取别人的创意。我的建议是，如果决策者声称这个创意是他的，那么你可以这样想，你已经赢了。你成功地推动了变革性创新。这是一个不小的壮举，这也是你可以吹嘘的。

通过与决策者合作，你可以帮助他们克服现状偏见。你要求反馈的人现在对这个创意有更多的所有权，所以她不太可能规避风险。这个人已经和你详细讨论过这个创意——所以现在她对这个创意更熟悉了。最后，此人已经提出解决方案来改进你的创意。你让她进入了集思广益的模式，而且可能进入了**发明家的思维模式**。这有助于她更深入地思考这个创意，因此她不太可能做出下意识的"怎样/最好"的决策。

扩展策略：让他们感受失败

当我和企业家交谈时，许多人抱怨向典型的风险投资家或天使投资人推销产品是浪费时间。他们认为，大多数投资者会使用"怎样/最好"思维模式看问题，这个习惯根深蒂固，以至他们无法提供投资者所渴望的那种确定性。他们说，如果你想让你的创意被采纳，你必须找到一个有着宽广的**发明家**思维模式的人。他们认为，大体上，只有一小部分投资者从一开始就对新创意持开放态度。在这些企业家看来，挑战在于找到这些人。

我同意这个建议。的确，有时候你无法说服别人，也不能改变他们的想法。当然，有些受众比其他人更容易接受某些创意。比如早期采用者。技术界的早期采用者是那些喜欢先于他人尝试新技术的人。因为这个群体的人了解新技术的进步，从而获得了特殊的社会货币，所以公司可以利用早期采用者作为新产品的试验场而受益。

因此，接下来的一条建议是，寻找那些你认为可能已经有发明家思维模式的受众或决策者。有着大胆和创造性决策声誉的人，是很好的选择。

另一条建议是寻找在不同领域拥有专长的决策者，而不仅仅是在同一个领域。佩奇·莫罗和她的同事发现，胶片方面有专长的人与新手相比更不喜欢数字摄像机，而在胶片和扫描仪技术方面有专长的人与新手相比更喜欢数字摄像机。根据我的经验，与那些在某门学科拥有深厚技能的人相比，拥有两门或两门以上不同学科专长的人，往往对新事物更好奇、更感兴趣。

即便如此，有时你也不得不说服决策者。当你被一个有着强烈的"怎样/最好"思维模式的决策者卡住时，你有什么办法吗？坐以待毙吗？

罗布·B.麦克拉里博士有时会向美国陆军军官讲授有关创造力和创新的课程。有一天在课堂上，一位少校告诉罗布："我不在乎一个想法是否有创意，我在乎这个想法是否行得通。"麦克拉里接下来的做法盛气凌人。他对少校说："这正是你的敌人希望你想的。你怎么知道一个想法是否行得通？你之所以知道，因为这是你以前做过的。你的敌人想让你做过去做过的事，因为那样他们就能预测你下一步要做什么，然后打败你。认为你想要的是被证明的东西，而不是新的和意想不到的东西，这种想法会让你输掉整个战争。"

麦克拉里博士并没有通过谈论创意的价值和未来收益反驳少校的意见。他告诉少校，他现在的思维方式会导致彻底的失败，从而击退了少校的反对意见。"这正是你的敌人希望你想的"这句话很可能让少校感到有点儿羞愧，害怕被敌人欺骗。换言之，罗布·麦克拉里并没有简单地罗列事实，就让少校感受到了失败。

与我共事的许多高管表示，他们已经在使用这种技巧。然而当我观察他们实际做了些什么时，他们中的大多数只会展示从过去到现在的未来预测或下降趋势，并**没有**描述一个将现状与失败直接联系起来的故事，让其他人感到焦虑、羞耻甚至尴尬。

我曾与一家公司合作，这家公司认为，在市场上取胜的关键是实现"唾手可得的成果"，也就是对产品进行最可行、最容易的改进。他们认为，如果一种产品容易制造，而且价格便宜，消费者就会购买它，因为他们会发现你能比竞争对手更快地提供更便宜的产品。

所以我检验了他们的假设，我让公司的决策者根据可行性，对他们正在考虑实施的一系列创意进行评分。我也让他们的一组客户对他们愿意购买这些创意的程度进行评分。我发现，对于同样的创意，创意的可行性和客户愿意购买这些创意的程度之间存在强烈的负相关。消费者不知道高管们是否认为这些创意可行，他们不关心这些。他们对公司要生产的产品感到厌烦。当我向这家公司展示这些数据后，他们迅速地重组了决策结构。

读完这本书，你就不会感到惊讶了：福格蒂医生的球囊导管论文介绍了现如今已成为医疗标准的这一技术，但该论文最初被所有重要医学期刊拒绝了。福格蒂医生注意到，编辑委员会的学者们根本不关注手术对病人有没有基本效用。最后，福格蒂的导师克兰利医生打了一通电话，才说服一位编辑发表了这篇论文。然而，仅仅发表还不足以刺激变革性创新，因为起初没有人使用这种新方法，尽管这种方法明显优于现有的其他方法。

当我问福格蒂医生，为什么医生们不采用一种能确保病人得到更好治疗效果的方法时，他告诉我："外科医生总是被教导要用同样的方法做同样的事情。"传统的医院管理者告诉医生，他们如果不以同样的方式对待每个人，就可能被起诉，而医院也不会保护他们。

此外，他还说，医学上的新创意可能"会使权威人士失业。现有的医生不知道如何使用新的操作规程，他们没有时间或兴趣学习它。毕竟，如果他们确实学到了新技术，而且它流行起来，那么这可能会威胁到医生作为专家和对旧技术高度熟练的地位"。

福格蒂医生的新方法是做一个非常小的切口，相对来说创伤很小。但多年来，外科医生一直用截肢和大切口来证明自己的价值。正如福格蒂医生告诉我的："切口越大，外科医生的水平越高。"

变革性创新最终还是发生了，外科医生采用了福格蒂医生的球囊导管，但它是以一种意想不到的方式发生的。一位聪明的律师用福格蒂医生的球囊导管论文起诉了使用旧手术技术的外科医生。律师辩称，这些医生玩忽职守，因为他们没有使用一种本可确保病人得到更好治疗效果的新技术。律师打赢了这场官司，球囊导管成了治疗的黄金标准，这一技术得到推广之后，立即拯救了数千人的生命。

球囊栓塞清除导管至今仍是一个行业标准。在描述这个故事时，福格蒂医生真诚地指出："这是医学史上唯一一次，一场诉讼帮助改善了患者的诊治。"我认为，这起诉讼迫使人们对现状的恐惧超过了对福格蒂医生发明的恐惧，从而拓宽了人类的视野。

只有当人们意识到他们当前的定义阻碍他们获得想要的东西时，他们才会推动变革性创新。我们目前的定义在某些方面注定失败。当某些事情彻底失败，现状无法被接受时，我们别无选择，只能扩展思路，进入一个创造性的空间。毕竟，对未来充满希望必然意味着你想要比现在更好的东西。

即使是固守现状信念（那些已经存在了很长时间的信仰）的人，也可以重新定义和接受变革性创新。但是，当人们坚持对世界的既定定义时，他们不会因为想改变而改变。即便他们知道改变是应该做的事，也不会去改变。他们如果知道保持现状的好处和代价，就不会去改变。只有当他们感觉到一些东西时，他们才会去改变。当他们对现状感到尴尬、沮丧或羞耻时，他们就会改变。

我相信，有效地推销一个创意，通过传播并达到良好效果，就像产生一个伟大发明一样复杂和困难。当然，在"权力与影响力"的文献中，还有其他一些众所周知的策略可以帮助你推销创造性想法

（例如建立联盟、使用互惠、确保人们喜欢你等）。但你在推销时要小心，不要引发人们的现状偏见。如果你使用 FAB 框架，更有可能不会唤起现状偏见，反而会使别人对你的创意感兴趣，并觉得它很有希望实现。

第 6 章

在你的组织中培育变革性创新

2015 年 9 月，智能手机芯片巨头高通公司（Qualcomm）的首席执行官史蒂夫·莫伦科夫表示："现在，我们必须对公司进行调整。"当时，高通公司刚刚失去与三星的一份重要合同，几个月前，该公司宣布将在全球裁员 15%。股价急剧下跌。最重要的是，智能手机芯片市场的竞争越来越激烈。所有人都认为高通公司遇到了麻烦。但当你听到高通高管的讲话时，你会发现他们对自己高度创新的文化充满信心。他们说，要么创新，要么死亡，而他们并不打算死亡。

高通的处境可能预示着非创造性破坏的开始，或者他们能够锁住这个决定并做出漂亮的调整。但是，一个公司的文化，尤其是一个创新公司的文化，在涉及创造力时会不会让公司里的人更难做出有效的决策？毕竟，即使一家公司赞美创新，并希望获得更多创新，它也可能经历非创造性破坏。换言之，仅仅想朝着正确的方向进行调整，并不足以确保你会这样做。那么公司能做些什么呢？根据我的经验，在组织层面上，变革性创新有三大障碍。我将依次描述每个问题，以及能够帮助你在组织中进行变革性创新的解决方案。

问题1：没有过程修正的企业文化

诺基亚的倒闭令人难以置信。诺基亚于1996年发明了智能手机。这是一家经营灵活的芬兰公司，始于1865年，最初是一家木浆厂，后来在纸张、电力和橡胶鞋等产品方面都有涉猎。诺基亚在各个领域游刃有余。20世纪90年代初，诺基亚剥离了除电信业务外的所有业务，这一举措使它在10多年的时间里成为全球最大的移动电话公司。

诺基亚因其创新能力而备受赞誉，它似乎不会做错任何事。它不仅花费巨资开发创造性的新产品，还改进现有产品。众所周知，诺基亚有一种创新的文化。那么，导致其最终灭亡的缺陷是什么呢？简而言之，它无法进行过程修正。当市场开始从手机硬件向手机软件（特别是应用程序）发展时，诺基亚不能也不会做出调整。难道诺基亚的"创新"文化会阻止它转向新的方向吗？

我知道谈论创新文化很时髦。你可能会感到困惑，这个领域的研究完全回避了创造性组织文化的问题，谈论的都是通过提供资源、自由和自主来支持创造力的工作环境。换句话说，我们的推论是，有行为规则和设想的文化会扼杀创造力。解决方案是给有创造力的人提供资源改掉他们的方式，这样他们就能创新。

你怎么知道你所处的是哪一种文化？通常你不会知道，除非你打破了规矩。你如果打破了一个根深蒂固的文化规则，你就会知道，因为你很可能会受到惩罚。记住，一种文化的整体要点是围绕规则建立团结。规则还有另一个术语，那就是"维持现状"。马里兰大学的米歇尔·盖尔芬德和她的同事注意到，处于"紧密"或强势状态的文化意味着，你如果违反了规则（也就是如果你打破了现状），你就会受到惩罚，甚至可能被排斥。相比之下，"宽松"或弱势文化往往更具创造性，因为规则很不正式且模棱两可，所以人们并不一定知道自己什么时候违反了规则。

对我来说，强势文化是实施现状偏见的最有力的工具之一。强势文化是"非我发明"（not invented here，NIH）的源头，它相信，对任何一家公司来说，维持现状都是最好、最合适的过程。是的，我要说的是，我相信强大的企业文化往往是创造力的杀手。

根据我的经验，大多数公司在建立时并没有考虑到创新文化。我读过管理顾问们所鼓吹的如何在高度官僚化的企业文化之上建立一种支持创造力的企业文化。我认为这种管理措施是浪费时间和金钱。

当涉及创造力时，强制变革是一项徒劳无益的工作。你越是试图迫使人们改变那些根深蒂固的假设和定义，他们就越会做相反的事情（因为仅仅要求他们改变现状仍然会加剧现状偏见）。所以，正如我在上一章中向你介绍 FAB 框架时提到的，当涉及在组织层面进行变革性创新时，你需要从侧面解决问题。你需要以某种方式唤起人们对新事物的积极感受和好奇心，至少要引起人们对旧事物的关注和担忧。

这并不容易。幸运的是，你还可以选择构建过程修正。要想改变一种文化，你需要强迫人们改变他们所有的假设和价值观。但在过程修正中进行构建更有针对性：要求公司一次改变一个特定的假设或价值观。我将提出的两种过程修正的策略针对的是阻碍人们接受新事物并最终进行变革性创新的具体因素。通过这种方式，你可以在个案的基础上进行变革性创新，而不是进行全面的变革。

过程修正：突破阻碍你前进的组织定义

组织文化反映了公司的价值观。价值观可以强化某些定义。有时，定义可能与公司战略有关，例如高通公司专注于手机芯片的这个例子。有时这个定义与公司的身份有关，比如诺基亚专注于工程硬件。有时定义是假设的，并且可能是不可见的，例如，哈佛商学院院长尼廷·诺瑞亚在 2013 年意识到哈佛商学院的学生和教职人员将女性定义为一个特定群体，但不是高成就的——只有当他看到数据并证实了这一点时，这种隐含的定义才变得明显起来。

关键是，文化支持多种形式的定义，而这些定义往往会损害变革性创新。如果一个新发现被视为与公司的基本定义不一致（例如，与战略不匹配），那么这个发现将被忽略。如果市场正朝着与公司定义相反的新方向发展（就像诺基亚的情况），那么公司将陷入困境。公司如果只意识到符合其定义的机会，当真正的创造力出现时，它们就会陷入困境。

可悲的事实是，有时公司只有彻底失败，才会意识到它们的定义在阻碍它们前进。我觉得有趣的是，如果你问基层员工，哪些定义让公司窒息，他们似乎知道答案。但大型企业的高层管理人员往往不知道他们的员工知道什么。西澳大利亚大学的克里斯蒂娜·吉布森和她的同事进行的最新研究表明，组织层级中那些越接近高层的人往往越不了解底层员工的感受和看法。

过程修正：识别有问题的定义。一个建议是，开始鼓励你的基层员工回答这个基本问题："什么定义或假设阻碍了我们？为什么？"我建议你为员工提供一个匿名调查——询问这个开放式问题，然后让人仔细检查并统计答案，看看哪个问题最普遍。

我咨询过的一家公司发现，阻碍公司发展的最常见定义是"快速增长是好事"。该公司的员工认为，快速增长正在扼杀公司提供优质产品的能力。

我认为，系统地收集数据是识别哪些定义有问题的关键。这是因为一旦确定了一个有问题的定义，你就能感觉到改变它的阻力。掌握实际数据可以帮助你感受到失败，并拓宽你的思维。

即使你没有时间进行调查，你也可以在 Glassdoor（美国一家企业点评及职位搜索网站）等网站上系统地分析员工反馈。Glassdoor就像企业的Yelp（美国一家商户点评网站）。大多数饭店老板非常在意饭店的Yelp评论。然而，具有讽刺意味的是，我从未见过一个经理在乎过Glassdoor上的评论。

我认为这是一个典型的定义阻碍例子。经理们把Glassdoor定义为一种帮助员工找工作的工具，以及心怀不满的员工发泄抱怨的地方。我建议你将Glassdoor这样的网站重新分类，把它视为一个现代版的倾听帖子或离职面谈场所，在那里你可以收集到员工宝贵的反馈。区分特殊抱怨和真实问题的方法可以根据不同员工提及相同的具体投诉的次数来判断。无论如何，监视Glassdoor上的反馈是一种既经济又容易的方法，它可以让你重新发现可能阻碍你公司发展的定义。

我告诉你一个我怀疑你的公司有问题的定义：被拒绝的创意一律被视为坏主意。当为客户提供咨询服务时，我总会听到许多关于创意的故事。一位客户告诉我，在被公司指导委员会否决多年后，有几款产品的原型在她的货架上积满了灰尘。然而，其中两款产品被竞争对手采用，并取得了巨大的成功！

所以很有可能，下一件这样的事就会发生在你的办公室里，或者你同事的办公室里。不能仅仅因为某个事物曾经被拒绝，就否定其创意的伟大性。你只是通过阅读科学揭示了对创造力的偏见。像其他所有组织一样，你的组织可能也有这种问题。所以，在把更多的钱花在研发上之前，先把那些被拒绝的创意从抽屉里找出来。看看哪些产品原型还摆在高管的货架上。问问高管们，他们是否有过被拒绝的创意，或者他们是否一直在考虑某个产品。如果一个产品引起了足够多的情绪反应，让决策者记住它，请使用第4章的自我突破策略再次检查它。你可能会发现一个潜在的宝藏。最棒的一点是，你做这项工作，不需要增加研发经费。

过程修正：用FAB来改变大众的定义。 一旦你明确了阻碍公司发展的定义，就该制订策略来改变它们。重要的是要认识到，你的公司所做的任何改变对你来说可能都是困难的。因此，对员工来说，这些改变也是非常困难的。此外，你也不想在引发改变时犯强化现状偏见的错误（如第5章所述）。因此，我建议你使用FAB，但仅限用于大规模地帮助人们改变定义并接受新的定义。

哈佛商学院之所以决定提拔女性，是因为它感到出了问题，因此别无选择，只能更多地提拔女性。哈佛商学院院长尼廷·诺瑞亚指出，当一名女教师举手问"我们刚刚授予了各种荣誉的学生中的性别构成是怎样的？"之后，哈佛商学院的管理部门查看了数据。模式很清楚：男性和女性MBA学生被录取时的入学考试成绩几乎一样。但到他们毕业时，男性MBA学生的成绩比女性MBA学生要好得多。

当他们看到数据并感觉出了问题时，诺瑞亚指出："我认为对我们来说，真正认识到是什么在阻碍人们前进很重要。"是什么阻碍了哈佛商学院的发展？嗯，是一个隐含的定义：哈佛商学院的女性是一个特定群体，但不是高成就的。在意识到这一定义使得哈佛商学院很难真正承诺机会均等以及招募到最优秀的女性之后，该学院提出一个计划：废除这个定义。它使用了一个 FAB 框架的变种来解决这个问题。

首先，诺瑞亚公开道歉。在 600 名校友面前，他说哈佛大学的女性"感到不被尊重、被忽视和不为学校所爱。我代表商学院向你们道歉。学校亏欠你们不少，我保证将来会变得更加美好"。这次道歉的巧妙之处在于，它没有谈论现状。他没有说女性在哈佛商学院受到广泛歧视（现状）。他并不要求人们不再歧视女性，这样做可能会引起他想要避免的现状偏见。相反，他把重点放在女性的感受上，也就是现状如此糟糕的原因。他帮助观众感受到现存的问题，并向观众展示哈佛商学院也感受到这一问题。

这并不是哈佛商学院所做的全部。你可以使用一个"顿悟"策略重新分类和改变人们的信念，那就是用反例淹没他们。在这种情况下，他们的信念是"女性是一个特定群体，而不是以成就为导向的"。因此，为了反驳这种信念，哈佛商学院的管理部门告诉女学生在课堂上举起手来。他们告诉女教师在课堂上要严厉，而不仅仅是给予帮助。他们承诺将关注女性主人公的案例研究数量增加 20%（当时只有 9% 的案例研究是关于女性的）。

使用重新分类时，你将扩展现有定义，使其包含相反的定义。你把定义从"女性是一个特定群体，**而不是**高成就的"扩展到"女性是一个特定群体，**也是**高成就的"。扩展这一定义的方法是给那些你想要改变他们想法的人一个又一个例子。一个非常明确的例子是行不通的。这是因为人们有所谓的**确认偏误**，他们会忽视那些与模式化形象相悖的信息，而倾向于相信那些与他们的信念相符的信息。重点是使用一个例子仅仅是一个开始，但这是不够的，你需要用大量的以及他们想不到的例子来淹没他们。

想一想便利贴这个我们时代最受欢迎的创新之一。你知道3M公司的管理层当初是如何对待便利贴的吗？他们称它为"便条纸"，并信誓旦旦地指出，你可以免费赠送便条纸，但肯定没有人会掏钱买它。

1978年，3M的营销主管首次尝试向消费者出售便利贴。该公司在塔尔萨、丹佛、里士满和坦帕这4个城市投放了大量广告，让消费者应接不暇。但广告没有起作用，消费者不买账，经销商也不买账，便利贴几乎就要夭折了。

那么，便利贴是如何活下来的呢？亚特·弗莱经常被认为是发明了便利贴的人。大多数描写他的人，都把注意力集中在他在唱诗班练习时是如何产生这个创意的，他当时意识到他需要一个可以轻易从赞美诗书页上去除的胶粘书签。但我认为弗莱的关键见解实际上是如何销售便利贴。他没有试图通过传统的推销方式和幻灯片演示直接向企业的高管进行推销。他做了一件简单得多、威力也大得多的事。

弗莱首先让 3M 公司的内部管理人员痴迷于便利贴。更聪明的是，管理人员开始影响 3M 公司的高级管理者。他没有告诉他们如何使用便利贴，没有向他们演示便利贴的用法，也没有告诉他们其他人已经使用了便利贴。他只是把便利贴给他们，说："试试这个。"一位营销总监指出："人们一旦开始使用它们，就会上瘾。一旦开始，你就停不下来了。"

弗莱通过让管理人员沉迷于便利贴，说服了两位高级副总裁：杰弗里·尼克尔森和约瑟夫·拉米，他让他们相信这个便利贴大有前途。尽管便利贴最初走向市场时失败了，但这两位高管进入了一个解决问题（而不是发现问题）的领域，他们想知道产品失败的原因。尼克尔森和拉米显然具备发明家的思维模式。所以他们决定收集更多的数据。于是他们自己动手，上门推销，挨家挨户把产品免费送到弗吉尼亚州商业区里士满的银行和办公室。在很短的时间内，他们看到消费者发明了各种各样的便利贴的用途，他们意识到免费赠送便利贴，可能是最好的广告方式。

接下来发生的事被称为博伊西闪电战。在爱达荷州的博伊西，弗莱和 3M 公司的其他人免费分发了便利贴样品。弗莱指出："10 张样本导致完全上瘾。"在分发了样品后，有 90% 的人重新订购了便利贴，并为此支付了费用。

因此，回到第 5 章的原则，如果人们一开始就不了解产品，那么传统的广告和让一个人反复接触产品是毫无帮助的。有时候，推销一个新产品的最好方式是让人们尝试它，而不仅仅是面向你自己公司内部的消费者。

我不是在说"吃狗粮"（dogfooding），"吃狗粮"是硅谷的一个术语，用来描述一家公司让员工使用自己的主打产品。只有在公司已经签约开发一个创意时，才会发生"吃狗粮"的情况。例如，当优步（Uber）开始营业时，它获得成功并扩大规模的方法之一就是让所有员工使用这项服务，让他们自己了解它在现实世界中的运作方式，并向其他人推荐它。我认为这是一个很好的策略，但它与我的建议有点儿不同。我的建议是，在你决定销售一个产品或实施一个过程之前，你首先要给你的员工一个机会去试验它。

允许你的员工在别人接受之前试用一种产品可以帮助他们自我突破，并看到产品的价值。当我们对一个产品进行集体讨论时，它会自动地将我们从一个发现问题的模式转变为解决问题的模式。亚特·弗莱所说的给人们10张样品就会上瘾的原因是，10张便利贴足以能让人们进行试验，并为产品找到用途。

很多公司认为，需要付费给焦点小组测试创意。为什么要这样？为什么你不把这些测试创意的机会免费留给自己的员工呢？让自己的员工给设计师反馈，然后解决问题和改进产品。让你的员工成为发明家，尤其是那些监管部门的员工，比如法务部门。人们享受发明创造的乐趣，只是因为他们没有想出这个产品，这并不意味着他们在使用产品时就不会进行发明。一个人的反馈可能是实现这个创意的关键。

把公司内外的人都放在发明家的思维状态中可以帮助消除他们的"怎样/最好"思维模式对创造性想法的阻力，并很可能让他们接受这些创意。

这就是乐土公司愿景的最初魔力。记者会告诉你，乐土公司之所以失败，是因为客户不得不忍受不便以及价格昂贵的汽车，但令人不解的是，他们注意到，乐土公司的客户仍然喜欢这个概念和产品。我刚刚拜访了一位在以色列的朋友，她仍然开着她那辆乐土公司的车去上班，并希望这家公司能够成功。这怎么可能？消费者都是自私自利的，对吗？错了。事实证明，人们想要拯救世界。他们希望成为创造过程的一部分，使世界成为一个"更好的地方"。沙伊·阿加西通过提问让他的客户进入发明家的思维模式："在我们今天所知的科学范围内，你是如何做到这一点的？"这是指我们如何利用现有的技术降低对石油的依赖？如果你是一个乐土公司的客户，那么你不仅仅是一个有使用权的消费者，你不只是买辆车去上班。你如果是一个乐土公司的客户，你就走上了发明的道路——致力于探究如何使以色列摆脱对石油的依赖。你是一个英雄。

总之，如果你想进行整体变革性创新，从一个根深蒂固的定义转变到另一个似乎与之相反的定义，你首先需要找出阻碍你的组织发展的定义。然后从第 5 章的 **FAB** 方法中选择策略，帮助人们改变那些正好相反的定义。

问题 2：缺乏沟通的冲突

在第 3 章中，我描述了一项研究：我和我的同事们发现，决策者的角色会改变人们对创造力的定义。我们研究了几个组织，得出同样的结果，这表明决策者对创造力的定义与他们的员工是不同的。我们观察了美国和中国的数千人，发现创造力评价并不是随机的，它们实际上是高度结构化和一致的。

人们对创造力的定义有两种。文化可以部分解释人们为什么使用这样或那样的定义。但我们也发现美国国内的差异。在美国，70% 的人使用一种定义，但 30% 的人使用另一种定义。创造力的两个定义是：

- 70% 的美国人认为创造力意味着一些新的、通常不可行的，而且"让社会感到恐惧"（这是马尔科姆·格拉德威尔使用的一个术语，指一个创意没有被广泛接受，因为它违背了社会规范和惯例）的事物。
- 30% 的美国人认为创造力意味着一些新的但也可行的东西，对大众有吸引力，并为社会所接受。

下面的两个例子有助于进一步描述这两个定义，以及我们感受到的它们之间的冲突。

《华尔街日报》的一篇题为"创新者之谜"的文章记述了这个谜团。这篇文章是对宝洁公司的首席执行官鲍勃·麦克唐纳的访谈，文章里问及他为什么认为ZzzQuil（ZzzQuil是宝洁公司推出的助睡眠保健产品，奈奎尔是一种夜间感冒药，所以ZzzQuil被称为不含感冒药的奈奎尔）是一个突破性的新产品类别，即使竞争对手在市场上已有类似的产品。除此之外，这篇文章还指出，一位大失所望的基金经理称ZzzQuil不过是"改进产品"和"衍生产品"。

另一篇发表在《纽约客》上的文章展示了人们对创造力定义的不同看法。马尔科姆·格拉德威尔在一篇题为"微调师"（"The Tweaker"）的文章中对史蒂夫·乔布斯进行了描述，格拉德威尔指出"乔布斯是接受他人想法并将其改变的那种人"。在早些时候的一篇文章中，马尔科姆·格拉德威尔将真正的创造力描述为"让社会感到恐惧"的东西，因为它挑战传统。但这并没有被广泛接受。格拉德威尔对史蒂夫·乔布斯的描述，似乎与《快公司》的一篇文章形成了鲜明对比，那篇文章称乔布斯是我们这个时代的毕加索。

"创新者之谜"和"微调师"展示了我们对于创造力定义的两种对立看法。我将从马尔科姆·格拉德威尔的定义开始论述。第一个定义创造力的方法是：**创造力等于新的**。没错，对美国大多数人来说，**创造性**和**新颖性**是同义词。使用这种定义的人认为创意应该具有功能，但这并不是创造力的关键。对创造力至关重要的是新颖性。新颖性的标志之一就是打破传统，所以它可能会在社会上引起恐惧。新颖性的另一个标志是你做了一件从未有人做过的非常艰难的事。马尔科姆·格拉德威尔指出，在开发 iPhone 的所有技术中，没有一项是乔布斯自己发明的，他只是把这些技术组合在一起。新发明主要发生在帕洛阿尔托研究中心，乔布斯曾吹嘘他从那里"窃取"了不少技术。

因此，如果美国大多数人认为创造性想法必须是新想法，他们会怎么看待那些传统的、吸引大众的、大品牌的、容易制作的、时尚的想法呢？马尔科姆·格拉德威尔会怎么看待 ZzzQuil？对于大多数认同他观点的人来说，一个创意如果为了适应大众市场或被社会广泛接受而调整，他们的匹配感会随之降低。换句话说，如果一个创意属于大众，每个人都喜欢它，那么它怎么能与众不同呢？

但是对于鲍勃·麦克唐纳这样的决策者来说，ZzzQuil 是有创意的，因为它重新定位了奈奎尔品牌，制作切实可行，并且很容易被大众接受。与之相反，对于马尔科姆·格拉德威尔这样的思想者来说，Zzzquil 缺乏创造力，因为它只是重新定位了一个品牌，并没有创造出一个新的产品。ZzzQuil 本质上是苯那君（Benadryl），一种已经上市几十年的药物。宝洁所做的一切就是给它贴上一个昂贵的价格标签，同时给它起一个新名字，而对于一个关心新颖性的人来说，大品牌只是强调产品是大众认可的，所以不具特色。所以我的猜测是，马尔科姆·格拉德威尔根本就不觉得 Zzzquil 有什么创意。

你是否曾经和某人因为看重的东西不同而发生争执呢？也许你会优先考虑节约成本，而你的同事重视品牌管理。当你需要权衡（例如为品牌宣传支付更多的钱）时，这种讨论会变得非常激烈。这会让你感觉对方是冲自己来的，就像别人不喜欢你一样。当我们拥有与他人不同的价值观时，情感冲突是不可避免的。研究表明，情感冲突不会带来任何好处。

当涉及创造力时，情感冲突会非常激烈。这是因为我们对创造力既爱又恨，所以我们对创造力的感受是强烈的。基金经理对首席执行官决定生产 ZzzQuil 感到失望。如果你为之工作的公司说它需要创造力和创新，然后选择采用你认为无聊和渐进的产品，你会有什么感觉？你很可能会认为你所在公司的经理是个伪君子。

人们对创造力有着强烈的感情，因为他们在创造性的追求上花费了大量的时间和精力。我们甚至可以通过我们的创造性作品来定义自己。当其他人不同意我们的观点，说我们的创意实际上并没有什么创造性时，这可能会让我们感觉很糟糕。我采访了一位设计师，他说他觉得自己快要疯了。他说："我做了一件非常独特的事情，这事从来没有人做过。但我的经理却耸耸肩说：'这太平常了……我看不出这里有什么新元素。'她怎么能这么说？我疯了吗？我傻吗？她怎么会看不到这有多新颖呢？"

此外，当决策者选择追求那些我们看来不具有创造性的想法时，事情看上去就像他们完全否定了我们的作用，而选择了一些愚蠢的东西。总之，我们都觉得受到了无礼的对待。

我并不是在分析创造力的哪一个定义更好。这两个定义都有价值，也都有不足。我认为从事创造性工作的人会感到沮丧和被轻视，因为他们定义创造力的方式与其他人要求的不匹配。

社会心理学的经典研究发现，当你让一组人集思广益，许多人会表现出所谓的"评价顾忌"，即害怕因为表达一个新想法而被严厉批评。其中一个原因可能是那些对拥有"为什么/有潜力"思维模式的人有吸引力的创意，却不会吸引拥有"怎样/最好"思维模式的人，反之亦然。

换言之，我认为人们之所以会在创造力方面产生冲突，主要是因为缺乏真正意义上的沟通。我建议你采取以下两个步骤减少冲突，并就创意协助沟通。

沟通：了解你对创造力的定义与他人的不同之处

如果你想减少冲突并开始真正的交流沟通，你应该确定你属于哪种人——马尔科姆·格拉德威尔（为什么/有潜力）型，或者首席执行官鲍勃·麦克唐纳（怎样/最好）型。下面做一个调查，在这些对创造性的陈述中，请你就重要程度给出评价。也就是说，创造性产品的这个特性**对你而言有多重要**（1分＝完全不重要，6分＝非常重要）？

（1）人们必须以不同的方式思考才能提出它。

（2）它将一个解决方案应用到一个完全不同的领域。

（3）它很容易应用。

（4）想出它的人有良好声誉。

（5）它很流行。

（6）它有巨大的市场。

（7）它是一个大品牌。

（8）它很容易做。

对于调查中的第1、2项，每个人给出的回答表明，他们倾向于具有高度创造性，所以他们的得分高于4分。但如果你对第3至第8项的平均得分低于4分，那么你更像马尔科姆·格拉德威尔（为什么/有潜力型）。如果你对第3至第8项的平均得分高于4分，你对创造力的看法就更像"怎样/最好"式的或者鲍勃·麦克唐纳的观点。

现在你知道如何定义创造力了，你可能会惊讶地发现，你组织中的其他人可能有着完全相反的定义。如果你对第3至第8项的创造力评分高于4分，那么你在美国属于少数派。你也可能是组织中设计师和其他创意产生者中的少数派。但在决策者中，你并不是少数派。

换句话说，承认你的定义可能与他人不同是很重要的。如果你给这些特性的评分都低于4分，处于决策位置的人不会同意你，承认这一点很重要。所以你在决策者中就是少数派。

下一步是要认识到没有一个定义是正确的或者是更好的。每个定义实际上都有一个盲点。用"为什么/有潜力"思维模式定义创造力，你可能无法意识到像ZzzQuil这样利润丰厚的机会。用"怎样/最好"思维模式定义创造性机会，你可能无法识别处于萌芽阶段的机会。你不可能两全其美。假设你以"怎样/最好"思维模式定义创造力，而你的员工是以"为什么/有潜力"思维模式工作，你也不能指望他们给你想要的东西。你不能期望处于萌芽阶段的创意完美地认知你对创意的"怎样/最好"思维模式，它们确实做不到。

沟通：向员工明确你的定义。你需要问自己的第一个问题是：你想用"为什么/有潜力"的方式进行创新吗？如果你不想（你想要决策者以"怎样/最好"思维模式创新），这没什么不对的。但要记住，使用"创新"这个词可能会让你的员工感到困惑和烦恼。

我记得我在一个内部企业创新研讨会上发表了主题演讲。在我谈到创造力的重要性之后，公司创始人花了很多时间谈论过去的美好时光，当时公司推出了几款突破性的产品，改变了这个行业的格局，并使其声名鹊起。他们说，他们对公司为什么不能推出20世纪80年代的突破性产品感到困惑和沮丧。管理层随后呼吁员工更具创新精神，不断突破界限，同时也要了解公司目前在可行性上遇到的强大阻力。由于30多年来公司一直没有突破性进展，公司的财务开始受到影响，因此公司在创新上的投入越来越少。

演讲结束后，我和工程师、设计师一起坐在观众席上，因而有机会听到他们的观点。"管理层充满了伪君子。"他们说，"他们都说想要一些新的、与众不同的东西，但他们关心的只是他们是否能立即将一个设计卖给大众。任何需要开发的新产品都会被他们不假思索地拒绝掉，因为他们认为那是不可行的。"

后来，当我与企业领导人会面交流情况时，我问他们是否真的想要创造力和创新。不出所料，他们告诉我，创造力和创新是他们的酷爱。而且，他们还告诉我，对他们来说，这是他们的座右铭。他们要么变得有创造力，要么死去。他们对工程师没有创造性感到懊恼和沮丧。双方都对缺乏创造力感到不满。

如果这家公司的领导说："听着，我们想快速行动，创新，但现在，我们想要的创新是 ZzzQuil——重新包装一种已经存在的产品，因为我们可以快速、轻松地将其推向市场。现在，我们所经历的发展过程是需要立即获得收入的，我们承担不起风险了。"员工们还会有这样的反应吗？

或者也许你的公司两者都想要。大多数想同时拥有"为什么/有潜力"和"怎样/最好"式创造力的公司都会犯一个致命的错误。它们不会告诉员工真正的打算是什么。如果你想要两种创造力，这意味着你真正想要的是 80% 的"怎样/最好"式创造力和 20% 的"为什么/有潜力"式创造力。换句话说，你需要并且想要更多的"怎样/最好"式创造力。你可以给你的员工自由时间来开发创新产品，让他们相应地分配时间——"怎样/最好"式创意（重新改进你的现有产品，或者以一种新方式营销现有产品）以及"为什么/有潜力"式创意（开发一种你的公司目前没有的产品，或者市场上的新产品）。你甚至可以告诉他们把空闲时间进行二八分配。

总之，明确你对创造力的定义，同时告诉你的员工每种类型要花多少时间，这可以让你看起来不像个伪君子，更真实一些。

只有制约没有平衡

如果我必须指出美国公司停滞不前、不接受变革性创新的主要原因，我只需要一句话：太多制约，缺乏平衡。在大多数想要创新的大型组织中，决策创新的权力被赋予一个相对较小的群体。决策小组或个人不需要与开发创意的小组或个人进行合作或妥协。这个决策小组或个人可以通过强制改变设计或取消项目获得比设计师、公司创始人或负责开发创意的任何人更大的权力。

当具有"怎样/最好"思维模式的人完全控制创新过程时，创新过程会发生什么？"怎样/最好"思维模式喜欢降低不确定性。什么能降低创新面临的不确定性（除了拒绝创造性的想法）呢？那就是官僚作风、繁文缛节、高度结构化和形式化的流程，在这些流程中，创意开发者在没有决策批准的情况下，畏首畏尾。这些流程会让处于"怎样/最好"思维模式的人更有控制感，并降低其焦虑感。不幸的是，他们也扼杀了早期的创意。

罗伯特·库珀是一位学者，他提出了"门径流程"（stage-gate processes）的概念，这是一个管理创新的机械化过程。如果你访问他的网站，你会看到他讲述自己创新之旅的视频。他大学毕业后的第一份工作是在一家成功的小公司里。这家小公司做出了一个可怕的决定：转型去开发一种完全不同用途的新产品。他接着指出，这家公司犯了更多的错误，最终破产了。为了解决这类问题，他指出，公司需要一个高度结构化的流程来确保创新具有高品质。这就是"门径流程"的作用所在。

"门径流程"是多种多样的，但基本原则是让某种决策团队（好比监护人）来控制开发产品（好比孩子）。这种工作方式由"成人"团队决定哪些产品具有获得巨大成功的要素（这些产品满足客户更深层次的需求）。经过彻底调查和严格审查之后，决策团队负责密切监控跨职能部门开发产品的活动。

然后，跨职能团队必须在各个阶段与决策团队会面，他们的产品必须满足特定的考核指标才能通过大门，获得下一个开发阶段的资金。在我曾合作过的一些公司中，单单一个项目就有多达10～20个阶段和大门。

关键的是，在一个门径管理模式中的决策团队，没有以任何有意义的方式参与到创造性的过程中。它不关注进程，也不提供持续的投入。它不属于流程的一部分，而只看最终结果并做出决定。

我不得不说，对于"怎样/最好"类型的创意，门径管理一定很有效。话虽如此，我建议你不要做得太过头，不要设置太多的阶段和大门。这个基本过程确实加强了质量控制。

但是，对于"为什么/有潜力"类型的创意，门径管理完全意着制约,没有丝毫平衡可言。

- 让决策者决定哪些创意具有获得巨大成功的要素?**制约!** 决策者需要经过验证的创意,并且不能容忍数据不佳的创意。从定义上讲,数据不佳的创意对他们来说根本不具创造性(即使其他人都不同意,或者这些数据是假的)。
- 决策者高高在上,只有在他们愿意时才与开发人员进行互动?**制约!** 开发人员经常会遇到问题或麻烦,需要快速决定是否使用预算资金进行支付。
- 创意只有在证明其价值时,才能通过大门并获得未来的资助?**制约!** 如果你失败了,但是在这样做的过程中,你学到了你需要做的就是再来一次,找到它的价值?从门径管理的角度来看,由于你需要转向,实际上你失败了,所以你的创意并不能得到下一阶段的资金。

当涉及具有高度创造性的创意时,"门径流程"往往过于僵化,不太适合变革性创新或开发具有高度创造性创意的过程。

平衡制约:创造力的问责

在我的研究领域里,决策者过去被认为处于一种两难的境地、一个没有赢家的局面。他们必须二选一,一种是创造性选择,它提供的数据有限,如果创意失败,就有可能被嘲笑;另一种是已被证明了的选择,它的数据充分,但从长远来看,可能解决不了问题。然而,我和我的研究团队发现，决策者实际上根本不会面临困境。

对于决策者来说，数据有限的创意从一开始就缺乏创造性。我们的研究表明，类似鲍勃·麦克唐纳这种类型的决策者认为，具有广泛吸引力和市场潜力的创意才有创造力。事实上，我们发现，一个创意具有广泛的市场潜力这一事实向一个"怎样/最好"思维模式的决策者表明，即使竞争对手多年来一直在生产类似的产品，这个创意也具有创造性。这意味着，你告诉你的主管们选择创造性的创意（希望获得马尔科姆·格拉德威尔式的创造性），他们是不会同意的。他们不会赞同那些如果失败会让他们看起来很尴尬的创意。因此，决策者选择的创意组合可能会包括一些新的创意，但是你真正想要的创意将被过滤掉。因此，授权你的管理者选择创造性的创意，不太可能会改变他们认可的创意类型。

我和我的研究团队都发现，消费者，甚至设计师，看待创意的方式更准确、更客观。这是因为消费者和设计师不太可能有"怎样/最好"思维模式。例如，他们并不关心创意是否切实可行。

解决方案是创建一个两步法的创意选择过程，而不是一步完成。在这个过程中，你给决策者一组创意，并让他们从中选择一些有创造性的创意。第一步是使用第4章我们讲过的群体智慧方法。使用群体智慧法评估你所有创意的品质和创造力。然后去掉所有低品质的创意，并告诉决策者选择一定数量的高创造性创意和低创造性创意。

关键是，在这个过程中，不用决策者来判断哪些创意是创造性的。他们必须选择一些其他人（如消费者、设计师）认定的创造性创意，尽管决策者自己可能并不这么认为。第二步很重要：告诉决策者至少选择一些别人认为有创造性的创意，你这是给他们一个遮掩自己想法的方法。他们可以说："我看不出这个创意的价值，但我别无选择，只能推进它。"换句话说，你在制造平衡制约机制。你只在一个系统中进行制约，如果决策者自己选择一个创造性的创意，那么他们很容易受到批评。你给决策者一个躲闪空间，就有了平衡制约，如果你的创意失败了，他们会抱怨"我早就告诉过你"；如果你的创意成功了，就让他们邀功吧。

平衡制约：赋予管理者和创意者联合决策权

罗布·库克在初创公司以及皮克斯动画工作室（Pixar）时，他的软件产品赢得无数奖项，其中包括有史以来第一个软件领域的奥斯卡奖。库克是皮克斯的软件开发副总裁，当时他和他的同事开发了RenderMan 这款可以用于制作皮克斯所有电影的产品，并制作了 26 部赢得奥斯卡视觉效果奖的电影中的 24 部。你可以想象，这些年来，他积累了一些非常重要的见解。这些见解之一来自与电影制作人的密切合作，以及他们如何能够在截止日期前，保持充足的创造力。他领悟到皮克斯所做的很多事情，都与初创公司甚至老牌公司开发创意产品的方式类似。

每部皮克斯电影都有导演和制片人。导演负责故事的所有创造性方面；制片人负责预算、进度、最后期限和成本管理。导演"控制"电影而不是预算；制片人"控制"预算而不是电影，两人地位相当。导演不能说"太糟糕了，无论如何我要花更多的钱"；制片人也不能说"太糟糕了，你得把这一幕剪掉"，这种关系之所以有效，是因为两个人都在相互制衡。

布拉德·伯德执导了《超人总动员》，约翰·沃克是制片人。《超人总动员》是皮克斯制作的第一部所有角色都是人类的电影。它需要发明模拟人类的动作和真实的皮肤、衣服和头发的技术。布拉德·伯德承认，由于技术上的挑战，这部电影"产生的压力让全工作室的人都不寒而栗"。例如，主角之一的小倩很害羞，她有一头隐藏在身后的长发。那么就有一个问题，以前从来没有人能想出如何模拟这种长发。

沃克指出："这让这部电影在很长一段时间里陷入困境，我们经过不断的努力，一次次进行尝试……就是做不好。最后，我们举行了一个高层会议，请那些运行模拟器、负责使发丝飘动的'大人物'一起参加会议，他们对我说：'你知道吗，约翰？我得告诉你，发丝飘动这一点只是理论上可以。'哇！都没时间了！你说只是理论上可以？这部电影不到一年就要上映了，你现在谈理论是什么意思？"

所以沃克告诉伯德，为了顺利完成电影，小倩这个角色必须改成短发。但对伯德来说，小倩的头发对于她的性格表现至关重要，所以他不会答应，他态度强硬。于是，强大的压力落到了模拟工程师的身上，但他们最后还是挺住了，最终，小倩的长头发看起来棒极了。

在与沃克的争论中，伯德并不是每次都能获胜。例如，他非常希望超人家庭中的小儿子小杰在电影结束时变成一个黏状物。但要想为这样一个黏状物，打造出合适的外观和质感，需要两个月的时间。伯德和沃克吵了起来，但两个月后，伯德让步了，同意放弃这个黏状物的创意。

通过赋予导演和制片人同等权力，皮克斯避免了在创造力和效率之间的紧张关系，这实现了两者之间的良好平衡，并往往能指向一个新的解决方案。罗布意识到这种方法不仅仅与电影有关。他在自己经营的软件初创公司和皮克斯的软件团队中也看到这一点。基本原则都是一样的，对于任何试图开发创新产品的团队来说，这都是一个重要的原则。

当我听到库克的见解时，我明白了为什么导演更可能具有"为什么/有潜力"思维模式，而制片人更可能具有"怎样/最好"思维模式。当涉及开发一个创造性产品时，这两方面关系总是相互对抗。你可以创建两个同样强大的角色来平衡这两种思维模式，而不是通过构建任务让一方单方面获胜（"怎样/最好"或者"为什么/有潜力"）。

在乐土公司，"为什么/有潜力"观点有些失控。如果沙伊·阿加西能与一位精明的、能平衡他的、属于"怎样/最好"类型的领导者合作，他可能会表现得更好。同样，对于处在萌芽时期的创造力，门径流程往往失去平衡。例如，你可能经常听到"快速且频繁地失败"

这句话。罗伯特·库珀可以说失败是好事，那是因为他已经创立了一个不用平衡的方式去看待失败的体系。在门径管理的世界里，失败并不意味着学习或进步，失败只是一个拒绝创意的理由，一个无法通过大门的理由！如果你的创意没有通过最后一次测试，你怎么能得到更多的资金呢？

因此，你使用的门径流程，仅用于渐进式的创意。你可以使用第4章提到的创意评级标准，让你的员工告诉你哪些创意最适合这种方式。但是，对于那些获得3级或3级以上评分的创意，你可以用完全不同的方式组织它们的开发，就像皮克斯所做的那样。你可以指派两名领导者，一名负责创意过程，另一名负责管理预算和所有监管问题。你的预算主管可以担任法律和制造方面的大使，并在初期（而不是在后期，因为后期为时已晚，已无法做出重大改变）将外部的关注点反映给团队。

重要的是（这是关键）这个预算经理**必须与创意总监合作，共同做出决定**。为了在系统中进行制衡，预算经理的权力不能超过创意总监，创意总监的权力也不能超过预算经理。预算经理不能要求创意总监改变产品，创意总监也不能无休止地提出创意。你想要的是两位领导人之间正常合理的讨论、争辩和协商，而不是在预算经理觉得有必要时才能会面。你要是能在两个拥有同等权力的领导者之间建立一种伙伴关系，你就有了制约，也有了平衡。

我的建议是，评估风险，与其制订一个门径流程，建立一个官僚机构（用官僚作风来规避风险），不如这样选择：让创意者与管理层共享控制权。

你可能听说过"臭鼬工厂"（skunk works）这个词，意思是一个实体或部门，它在形式上独立于更大的组织之外，通常是在一个容纳科学家和工程师的大楼中，它们的任务是开发新的和突破性的产品与服务。臭鼬工厂这一形式至今仍被广泛使用。但许多臭鼬工厂的历史，在创新方面却充满着"只有制约，没有平衡"的主题。

"臭鼬工厂"一词最早出现在连环漫画《莱尔·艾布纳》（*Li'l Abner*）中，它是一个摇摇欲坠的工厂，坐落在一个偏僻的地方，生产"臭鼬油"。它将死臭鼬和旧鞋子混合在一起，这些产品没有明确的用途，但气味太难闻，数十名当地人因此丧生。在现代解释中，臭鼬工厂的结构是这样的："创造性类型"被排斥在更广泛的组织的政治和社会工作之外。臭鼬工厂的员工通常对他们的预算或将哪些产品投放市场没有决策权，这大概是因为他们被认为过于脱离实际，无法就公司应该采取的方向做出正确的决定。

不出所料，有许多臭鼬工厂开发的突破性产品从未被母公司实施过。也许最著名的例子是施乐帕洛阿尔托研究中心（Xerox PARC）。施乐的管理层完全忽视了帕洛阿尔托研究中心开发的新产品，而其他公司，如苹果和微软，已经发展出了数十亿美元的业务。之所以出现这种情况，是因为施乐的决策者对帕洛阿尔托研究中心开发的任何产品都拥有完全的控制权。引用一位高管的话来说："施乐公司当时的领导人对帕洛阿尔托研究中心的创意潜力不感兴趣。那不是他们的风格。"

但是臭鼬工厂在像洛克希德·马丁公司（Lockheed Martin）这样的公司中就运作得很好。凯利·约翰逊是洛克希德公司的一位传奇工程师，在后来的职业生涯中他晋升为副总裁，他写了一本关于成功的臭鼬工厂的书。凯利的 14 条规则和实践中的第 1 条规则是"臭鼬工厂的经理必须被授予对他的程序进行完全控制的权力"。

我所建议的是这种实践的混合版本。将完全控制权委托给两个具有相反关注点的决策对应方。然后让他们进行艰难的对话，让他们达到权力制衡。

近年来，大型企业聘用首席创新官（CIO）的现象越来越普遍。首席创新官的职责是管理组织内创新的所有方面。当我与担任这些职务的领导人进行秘密谈话时，他们称自己为"猴子"，有些人说，他们是被首席执行官忽视的创意人士。一位高管告诉我，她"被首席执行官拍了拍脑袋，告诉我，'这个创意很棒，但就是不可行'"。

我认为找个首席创新官是个好主意。但是，有了首席创新官的角色，他却没有权力按自己的想法行事，这只是对处于萌芽状态的创意缺乏平衡的另一种制约。如果组织真的关心那些无法付诸实践的创新，那么首席创新官的角色结构应该有所不同。例如，首席创新官可以与首席财务官合作，共同决定哪些创意应该在不受首席执行官干涉的情况下实施。关键是，对任何人来说，变革性创新都是一条艰难的道路。在利益对立的两个角色之间分享权力有助于建立平衡，因为两者都能控制对方。

总而言之，让高层管理人员完全掌控创新并不能帮助你取得下一个重大突破。事实上，根据我的经验，大多数高管都没有推动变革性创新的动力或技能。即使他们真的有动机，我的研究表明，对金钱、指标的关注以及"怎样／最好"思维模式（由大多数MBA课程和企业背景灌输的），也会扼杀他们将处于萌芽状态的创意视为伟大机遇的能力。也就是说，高管们有自己的价值观。但设计师和你的创意人员等创意产生者也是如此。与其优先考虑一个，不如让他们分享权力，让他们决斗吧。

第 7 章

克服对创新型领导者的偏见

让我们回到鲍勃·麦克唐纳的话题上。

2011 年前后,作为宝洁的首席执行官,麦克唐纳被誉为创新型领导者。他将创新描述为公司的一个战略重点,他说:"从我们的历史来看,虽然促销可以在几个季度赢利,但创新会让我们在数十年中获利。"他鼓励公司所有部门进行创新。具体来说,在他的统治下,宝洁公司每年在研发上花费近 20 亿美元(比与它最接近的竞争对手多出 50%)。宝洁打造了 Connect+Develop 众包网站,鼓励供应商和消费者提出新的产品创意。从各方面来看,宝洁能够接触到的创意以及用于开发这些创意的资金都在激增。

读了本书,你认为仅仅鼓励员工和其他人产生创意就足够了吗?宝洁公司的情况并未如愿,在麦克唐纳的领导下,宝洁公司的业绩出现下滑,随后宝洁公司用雷富礼取代了麦克唐纳。

雷富礼是宝洁公司前首席执行官,2009 年宝洁公司利润上升时,雷富礼辞职。由于他之前在宝洁的表现，雷富礼被誉为"战略远见和创新大师"。一位记者将雷富礼重返宝洁与史蒂夫·乔布斯重返苹果相提并论。因此，当雷富礼于 2013 年上任时，他也被视为一位创新型领导者。但他是不是呢？《纽约客》的詹姆斯·苏罗维基认为并非如此。他指出，雷富礼授意公司停止新产品发布，并出售利润较低的业务，在雷富礼的领导下，宝洁公司的股价表现不佳。

宝洁并不是唯一一家这样做的公司，大多数公司及其员工都难以识别真正的创新型领导者。为什么会这样呢？难道就像我们对创造性的想法持有一种隐性偏见一样，我们对选择创造性的人担任领导者，也持有隐性偏见吗？

随便问一位领导者，她或他都会告诉你，**绝对不是这样！**IBM 对 1 500 多名首席执行官进行了一项调查，发现创造力是未来最重要的领导能力。当被问及在当今动荡的经济中，首席执行官获得成功最需要的一个特质是什么时，戴尔公司首席执行官迈克尔·戴尔回答道："好奇心。"很明显，如果领导能力的第一要素是创造力和培养创造力的好奇心，如果人们表现出创造力，那么他们一定会被提拔到领导岗位，对吧？

辉瑞公司（Pfizer）的一位经理乔丹·科恩因为开发 PfizerWorks，曾被《商业周刊》《快公司》和《哈佛商业评论》专题报道。PfizerWorks 是从用户那里获得 24 小时反馈的过程。科恩是如何得到支持以发展他的创意的？没有。他隐瞒了近两年的努力，以获得足够的时间来完善服务并证明这一理念。当时,他是公司的首席创新官。

普里亚·卡纳安·纳拉辛汉采访了硅谷的创新者,这些人在公司都积极支持创新和创造力。你能猜到他们最初是如何获得创新支持的吗?没有。事实上,就像乔丹·科恩一样,他们隐瞒了自己的项目。一位硅谷大公司的经理参与了这项研究,他总结得很好:"这里有一个非常普遍的策略,那就是,尽你所能做一些不为人知的事情,在获得一个可以展示的雏形后再向人们展示,这样你就可以躲过一些最初的议论,'哦,那永远不会成功'。"

创新者在隐瞒什么? 2011年之前的创造力研究表明,每个人都认为有创造力的人是聪明、机智、快乐、有魅力和有趣的。所以如果你把这项研究记在心里,你可能会在简历上描述自己是一个**创造性**的问题解决者,而不是一个**实用性**的问题解决者,这有利于你找到工作。我和杰克·贡萨洛测试了这个想法(但从未公布数据)。我们选择了完全相同的简历,但这些应聘者关于自己是一个创造性的问题解决者还是一个实用性的问题解决者的看法有所不同。结果是,在其他条件相同的情况下,把你解决问题的能力设定为"创造性",要比设定为"实用性"更易让别人认为你是一个有竞争力的求职者。

所以,也许给自己贴上创造性的标签是件好事。一位首席执行官告诉我,一位下属说她缺乏创造力,是因为她的执行力太强了。这让她耿耿于怀。有证据表明,**每个人都喜欢有创造力的思考者**,我们非常愿意给自己贴上有创造力的标签。

但我们真是这样吗？

当然，一个有创造力的人的标志之一就是，她能想出有创造性的想法。你已经知道我们与创意的复杂关系。创意具有不确定的可行性；我们只是不知道它们是否像我们希望的那样可靠和有用。所以，就像我们热爱创意，同时又隐藏对创意的厌恶一样，我们是否也口口声声说热爱有创造力的人，但同时又隐藏对有创造力的**人**的厌恶呢？反过来，这或许就是有创造力的人会躲着**我们**的原因了。

如果这是真的，在你产生一个不确定的创造性想法之前，我们不妨把自己标榜为一个创造性的思考者。你一旦通过表达你的创意提高了不确定性，你的声誉马上就岌岌可危了，尤其是在领导力层面。

领导力与创造力之间的微妙关系

在杰克·韦尔奇时代，鲍勃·纳德利在美国通用电气公司步步高升，那个时代对表现不佳的人是零容忍的。鉴于纳德利的这一出身，他本应成为我们这个时代的伟大领袖之一，对吧？嗯，不完全是。纳德利在担任家得宝（Home Depot）首席执行官期间，以及后来在克莱斯勒（Chrysler）任职期间，都没有取得巨大的成功。但他并不是唯一的一个，其他拥有一流简历的企业高管也都遭遇了灾难性的失败。例如，在担任安达信咨询公司（Andersen Consulting），现在改名为埃森哲咨询公司（Accenture）总裁之后，乔治·沙欣被任命为

Webvan（一家美国网上杂货零售商）的首席执行官，Webvan 是互联网泡沫时期最大的初创公司之一。你可能认为世界上最成功的商业顾问之一会成为一个伟大的领导者，但事实证明，Webvan 并没有成功。

我们如何选择领导者？有两种方法。我们选择那些我们视为专家的领导者，他们知道团队为了成功完成重要任务所需要的关键战略。但是，我们选择领导人的第二种（也是更常见的）方式是采用模式化形象。也就是说，我们看一个人有什么特质，如果这些特质符合我们对领导的个人信念，我们通常会把她或他当作领导者。我们相信领导者是聪明、强壮、有魅力、有男子气概、专横、敬业、有魅力的。换言之，我们对领导者的模式化形象告诉我们，我们需要提拔和追随那些似乎符合以上所有标准的强者。

请注意，我们对领导力的模式化形象与创造力没有太多直接的关系。上文也没有提到好奇心。如果我们把自己的创意告诉别人，那么我们作为领导者的声誉会发生什么变化呢？

我和杰克·贡萨洛邀请了印度商学院（Indian School of Business）的迪山·卡姆达尔，在印度一家大型炼油厂一起做研究。这家与众不同的公司对其促进创造力方面的工作非常自豪。我们调查了一组工程师，他们都在负责寻找新的方法来保持工厂的高效运转。我们要求工程师主管对每个工程师的两种能力进行评估：他们产生创造性想法的能力，以及他们的整体领导潜力。研究发现让我们大吃一惊。产生创造性想法的能力与领导潜能并不呈正相关，而是呈**负相关**。这意味着，产生创意越多的工程师，他们的主管越认为他们不具有领导潜力。此后，我们至少在另外两家公司得到同样的结论。

在美国，人们也会因为表达创意而受到惩罚。我和我的同事进入两所常春藤盟校进行了一项类似的研究。我们发现，在创新能力测试中得分高的学生，在他们的研究小组中不太可能被同龄人视为领导者。我们进行了另一项研究，让学生向观察者提出一个有创意或实用的想法。我们了解到，当学生提出创造性想法时，观察者认为他们不像提出实用性想法时那样具有领导能力。哪怕是在需要人们集思广益的情况下，以及当所表达的创造性和实用性想法具有同等品质时，我们进行的重复实验依然得出同样的结论。

后来，我更深入地研究了我们对有创造力的人的普遍看法，发现我们认为有创造力的人是聪明和有趣的。但在商业环境中，人们还会认为创意人员天真幼稚，组织性差，无法完成工作，也无法有效地实现创意。在我进行的一些试验性研究中，我发现，如果你在别人面前集思广益，找寻**许多**解决问题的办法（相对于推销**一个**创意而言），你会被视为效率低下、没有商业头脑、缺乏领导能力。

相反，我们希望我们的领导者知道答案；我们希望我们的领导者成为专家；我们希望我们的领导者让我们对这个世界的**不确定感更低**，而不是**更加不确定**；我们关心我们的领导者是否能有效地执行任务。

如果完全按照我们对领导者的模式化形象，猜猜谁最适合做领导者？唐纳德·特朗普。尽管特朗普的4家公司根据《破产法》第11章申请破产重组，他之前也没有政治经验，还被一些人形容为恶霸，在写这本书时，他是2016年共和党总统候选人。记住，我们总是喜欢匹配的那种感觉，人们如果有了匹配的感觉，就会原谅很多事情。对于像特朗普这样高调的商人来说，由于他非常符合我们的模式化形象，研究表明，即使他最终失败了，我们也不会过于贬低他。换句话说，专制自恋者完全符合我们对领导力的传统定义。

这些模式化形象是从哪里来的？它们来自我们在小学所学的关于国王、暴君和军阀的历史。我们从《黑道家族》(*The Sopranos*)等电视节目和《华尔街之狼》(*The Wolf of Wall Street*)等电影中学到了这一点，在这些影视作品中，专制自恋者受到称颂。当然，这种领导的模式化形象在媒体和历史书籍中都有很好的体现。这些领导者的故事很有趣，因此被人们记住并不断重复（通常是作为警示故事）。但事实是，这些模式化形象已经严重过时了。

在今天的世界里，我们越来越少地需要纯粹专制的领导人。为什么？因为要成为一个有效的独裁者，你需要成为团队中最专业的人，你需要知道答案，才能有效地告诉人们该做什么。

但是在今天这个复杂的世界里，你需要深入的专业知识来了解各个领域，没有人能够真正知道所有的答案。相比之下，谦卑感（而不是因为知道答案而邀功）能催生有效的领导力。因此，我们对领导者的模式化形象与当今世界领导者实际需要的有效领导特质之间存在着错位。旧式的领导模式化形象常常促使我们提拔错误的人担任领导角色。我相信这些陈旧的领导模式是美国创造力危机的主要根源。

有什么证据可以表明，当今的领导者缺乏进行变革性创新的技能呢？

我给你举个例子。一家大公司拿着一份不想被别人看见的内部白皮书找我。白皮书显示，这个组织的领导者在沟通、解决问题和组织方面非常熟练。不幸的是，这些领导者在创造性思维方面的得分很低。简言之，这些领导者能够很好地执行任务，但他们不容易适应新的形势。这一现实阻碍了公司的发展。

杰弗里·普费弗在他的开创性著作《领导力 BS》(*Leadership BS*) 中指出，大量证据表明，我们选举或任命的领导者，缺乏进行变革性创新的技能，并使自己、客户、股东和员工失望。

创造力危机的社会因素

顺便说一句，创造力危机不仅发生在企业组织中，也发生在美国的学校中。数据显示，这个问题比你想象的要严重得多。威廉玛丽学院的金庆熙对 272 599 名从幼儿园到 12 年级的学生进行了抽样调查。她发现，与前几代人相比，千禧一代的创造性思维测试分数要低得多。千禧一代并没有产生那么多的创意，他们也没有表现出很强的解释创意的动机。你可能会认为年轻人有更强的创造力，但根据这项研究，雇用更多的千禧一代并不会帮助你的组织变得更有创造力。

那么，为什么学生的创造性思维得分会随着时间的推移而下降呢？肯·罗宾逊在TED大会上的演讲（有史以来最受欢迎的TED演讲之一），很好地解释了这一原因。他在演讲的开头提出一个问题："学校会扼杀创造力吗？"罗宾逊说："我深信不疑，我们无法成长为有创造力的人，我们长大就丢弃了它。或者更确切地说，是我们所受的教育扼杀了它。"他引用毕加索的名言："所有的孩子都是天生的艺术家。"但是他接着说："地球上的每个教育系统都有相同的学科等级。每一个。最重要的是数学和语言，然后是人文学科，最后才是艺术。"然后他又指出："这个星球上的教育系统，不是每天都像我们教数学那样教孩子们跳舞吗？"大体上，他认为创造力等同于艺术，并指出创造力并不是大多数学校的教学重点。然后他断言，学校应该投入更多的时间来教授创造性艺术，比如舞蹈。

但这正是教育管理者**不允许**在课堂上增加创造性的确切原因。一篇评论文章显示，教师认为创造力主要发生在艺术领域，涉及做一些不一定有实际目的或用途的新事情，所以这并不是必不可少的。

用我们的FAB框架来看看。既然你知道现状偏见有多顽固，你认为肯·罗宾逊的演讲会促使教育管理者做出改变吗？你认为他的恳求会让教育管理者感到失败吗？或者他是不是犯了告诉人们现状是什么的典型错误，并且他指出所有人都处于这样的现状，是不是只是为了告诉大家要摆脱现状呢？这可能是有史以来最受欢迎的TED演讲，但它更有可能进一步巩固了现状，而不是改变现状。

这也是企业高管面临的问题。在美国长大的每一位高管都上过小学。所以，如果小学教师把创造力等同于艺术（他们认为艺术对教育很重要，却不是必不可少的），那么你认为教师向下一代领导者传达了什么信息？在举办有关创造力的研讨会时，高管们经常会告诉我："我们不是艺术家。为什么我们要学习创造力？"因此，我在美国企业界经常看到的对创造力的偏见（创造力是艺术家的，而不是商人的），似乎深深植根于美国的学校。

人们把美国学校创造力下降归咎于标准化考试和《有教无类法案》（No Child Left Behind Act of 2001）。人们也指责教师。但我认为责怪教师是个错误。他们被嵌入一个更大的专制系统中。这一系统促使教师减少对创造力的关注，以便教学生参加标准化考试。那么是谁控制了这个系统？

教育管理者——学校董事会、校长、政治家和制定政策的行政人员。他们告诉老师如何建构教育模式，因此是他们把创造力踢出课程的，而不是教师。鉴于对美国企业界缺乏创造力领导者的了解，我们没有理由认为在教育领域会有什么不同。在学校里提拔到领导岗位的人，很可能和在美国公司被提拔到领导岗位的人一样，都是以适合"怎样 / 最好"的标准被选出来的。

我相信美国面临的创造力危机源于缺乏创新型领导者。在当今复杂多变的世界中，你需要了解如何在一个组织中进行变革性创新，才能成为一名有效的领导者。但是，我们今天在学校和公司中挑选领导者往往基于过时的领导者形象。模式化形象已经不再适用于一个日益复杂的新世界，在这个世界上，多元化人群的创造性思维与高效的执行力同样重要。

我认为我们目前对创新型领导者的无力辨识，正在美国播下创造力危机的种子。好消息是，我们可以重新训练自己来识别创新型领导者。你如果能学会认清陈旧的领导者形象和创新型领导者形象之间的区别，就能更准确地辨别出哪些领导者拥有识别和接受富有成效的新方向的能力。

总而言之，美国需要创造力，我们需要打破长期以来对领导力的成见，遵循变革性创新的过程，认识到我们目前对领导力的定义，了解这个定义何时会让我们陷入困境，然后学习扩展它，使其变得更有成效。为此，我研究出一个"3步法"来识别你的组织中有创造力的领导者。

步骤1：判断你对领导力的定义

以下是根据实际业务情况改编的决策会议记录。参加这次会议的高管来自许多不同的领域，他们负责选择一个系统，使美国医疗保健行业的所有信息电子化。2012年，美国医疗保健市场的总规模估计为3万亿美元，并且以每年4%的速度增长，因此约占美国国内生产总值的15%。这一决定具有巨大的经济影响。

在阅读这篇记录的同时，看看你是否能找出领导者。

里克：我们的目标是今天做出决定。我们有4个选择。我们可以选择现有的选项1，这不是必需的，也可以选择选项2、3或4。

吉姆：在开始之前，我们必须牢记我们面临的可行性限制。我们需要在多个机构、州和多种技术平台之间进行协调。我们还需要选择一个不花费全部预算、能相对快速生效的解决方案，以防以后需要调整。

汤姆：谢谢，吉姆，但我认为与病人隐私问题比起来，可行性问题是次要的。如果搞砸了这件事，我们就可能面临生物恐怖主义威胁，或者摧毁我们所知道的整个卫生网络。

苏珊：我同意，病人的隐私是关键。如果失败了，我们就找不到解决办法。我们正在与来自世界各地的黑客进行互联网安全战争。如果现有的安全措施不能解决我们已经面临的安全问题，会发生什么？我知道选项1是不可取的，但在网络安全性提高之前，我看我们没有其他选择。

（大家沉默了一会儿。）

贾达：我问你个问题，苏珊。为什么选项1是一个好的解决方案？我们要解决什么问题？

苏珊：好吧，我想很明显选项1不能解决一个问题，但它使我们避免另一个问题。

吉姆：我认为这个问题是多层面的。最终目标是降低系统的成本。这也有助于患者和医生快速获取数据，从而提高医疗质量。所以我想解决问题的关键是为病人和医院带来价值。

里克：我认同我们这个委员会的目的就是做点儿什么。如果我们什么都不做，整个系统就会受影响。但是，就我个人而言，我认为选项4真的不切实际。我们必须扩大整个系统，而这根本不可行。选项3也是改良型，但我认为选项2还不够。选项2根本不能产生足够大的影响。所以我认为这不是一个明确的解决方案。

汤姆：我同意。我们面临的所有解决方案都有一些优点，但也有巨大的缺点。我相信我们的职责是尽量减少不利因素。目前的解决方案都不允许我们这样做。

贾达：那我们应该怎么做呢？你已经讨论过它怎么不起作用了。我们如何利用已经拥有的东西使之可行和有影响力？

吉姆：好吧，我想有一个选择是合并解决方案。如果我们把选项2和选项3的最优部分结合起来呢？我们可以把它看作一个进展——我们甚至可以把选项4作为未来进展链的最后一步。这样，我们的计划将有一个短期的实施策略，也有一个长期的发展规划。

里克：好主意，吉姆！

汤姆：我认为这是合理的。

苏珊：我仍然认为我们在安全问题上需要非常小心。

里克：太好了。让我们来具体谈谈这个新选项会是什么样子……

谁是会议中最为重要的塑造了创造力的人呢？换句话说，你认为这次讨论的主要创意领导者是谁？

你可能会说里克是领导者，因为他提出了讨论，确定了选项，然后指导团队充实解决方案。你可能会说吉姆是领导者，因为他强调了组织改善医疗质量的使命，并最终产生了组织选择的解决方案。

如果你选择里克或吉姆作为领导者，那么你对领导者的定义可能是简单的"管理会议"，或者"知道未来方向的答案"。所有这些类型的领导方式都非常符合我们用来识别领导者的模式化形象。因此，如果你选择了这两个人中的任何一个，当你遇到创新型领导者时，你可能会和他们擦肩而过。

还有另一种看待领导力的方式。在这个观点中，知道答案当然很好，但仅仅因为你有技术技能或聪明才智，并不意味着你能够在团队中培育出创造力。就此而言，仅仅重申团队的目标或目的是有帮助的，但它并不一定能激励其他人产生创造性的解决方案。执行议程和总结选项可能会让你成为一名优秀的基层经理，但实际上你并没有带领团队朝着**创造性**的方向前进。

那么，是谁负责制订会议的创意方向呢？是谁促使这个团队敞开胸怀，换了一种思维方式？我认为，贾达是这个小组的创意领袖。贾达确实不知道答案，也没有组织这次会议。但通过提问，她改变了会议的方向，暂停了这群人对现状的选择。这也为吉姆提供了一个空间，让他产生了团队最终选择的想法。贾达没有创造性的想法，但是她领导了创造性的过程。

步骤2：自我突破和识别伪装者

我刚读博士时，参加了哈佛商学院的一个领导会议。正如你想象的，我被创新管理的课程吸引，所以参加了这次会议，高科技产业的高管们在会上讨论了他们所面临的挑战。一位高管讲述了她推出的产品如何创造数百万美元的收入，远远超出预期利润。我很好奇，所以问了一个问题："你怎么知道什么时候是推出产品的正确时机？"她轻蔑地看了我一眼，回答说："当你电话响的时候。"会上所有人都笑了。

我觉得自己很愚蠢，直到我提醒自己，我的问题是这个领域的学者几十年来一直在努力解决的问题。如果学者们还没有答案，也许这位高管也没有。然后我又想知道：如果这位高管承认是这样，**我不知道**会发生什么。她会不会看起来不那么自信，因此失去了她所感知到的领导优势？她只是想保护自己的领袖形象吗？

询问任何人，自信对领导能力是否重要，他们都会告诉你，自信当然重要。一位领导者说:"如果你有一艘船正在下沉,而领导者因恐惧而瘫软,那么他怎么能号召其他人采取行动拯救生命?相反,你需要一个冷静而自信的领导,这样下属才不至于惊慌失措。"

如果自信是能力的真实反映,这就很有道理。但如果沉船上的船长是个骗子呢?也就是说,如果你雇了船长,因为他听起来很有能力,看起来也很自信,但实际上,他是为了得到这份工作而伪装的呢?或者,如果船长对自己的知识非常自信,以至在需要创造性的解决方案时,他对尝试新事物持怀疑态度,怎么办?

伪装自信容易吗?当然容易。问问艾米·库迪就知道了,她与达纳·卡尼和安迪·雅普的出色合作表明,像神奇女侠那样摆两分钟的造型,可以让参与者感到更自信。艾米·库迪的书《存在》(Presence)已经成为一本畅销书,这本书的理论基础是,一个人在成功之前可以假装成功。这个解决方案对有能力但需要自信来帮助他们前进的人很有用。

不过,要小心,权力姿态也有其阴暗的一面。有些人没有能力,也不学习和进步;他们只是摆出一副称职的姿态,就能控制局面。为此,你想雇用什么样的领导?是那个真正能干的人,还是那个面试之前在洗手间摆出强势姿势让你觉得他能干的人?

那些有信心但不太注意提高自己能力的伪装者是危险的。研究表明,尽管能力较差,但伪装者更有可能获得高层职位。更糟糕的是,如果你选了一个伪装者当领导，团队的表现就会**下降**。精明的骗子很容易就能欺骗你，所以不要让他们得逞。

你如何识别伪装者？卡梅伦·安德森和他的同事进行的一项研究表明，过度自信的人，也就是那些能力不足的伪装者，会在一群人中抢先发言，从而占据更多出头露面的机会，并且冷静而放松。相反，那些真正有能力的人，也就是那些你真正想要的领导者，往往不会这样做。能干的人只有在有话要说的时候，才开口说话。伪装者声称知道答案，一点儿都不谦逊，除非相信这样做对他有利时，他才会这样做。

在需要创造力的不确定时期，伪装者会怎么做？他会试图让你相信他的答案是最好的。他不会给你一系列可能的解决方案。他不愿谈论出错的可能性。他不会试图通过提问来诊断问题。他不会说"我不知道"。伪装者倾向于回避承认不确定性或容忍不确定性，因为他们知道，承认这些，会增加那些对领导者有模式化印象的人的不确定性，可能会降低他们是领导者的感觉。

好消息是，把知道答案并拥有最佳答案的功劳据为己有，是伪装者的一个关键特征，所以要注意那些没有表现出不确定性的人。一定要记住，没有表现出不确定性的领导者往往是在装模作样。

这是否意味着，你要在泼掉洗澡水的同时，抛弃自信呢？不，我建议你还是要寻找自信，但要有那种不同品位的自信。你可以充满自信和好奇心。你可以既自信又不知道答案。你认为贾达需要勇气和信心来质疑团队的方向吗？当然！她需要勇气，因为她违背了团队的方向，也因为她并不知道自己提出的问题的答案。

步骤 3：学会辨识创新型领导者

在寻找创新型领导者时，要少关注人们对他们以及他们创意的评价，多关注他们为改变团队方向而采取的行动。我不是说要提拔那些能产生很多创造性想法的人，尽管这确实表明了他们思维的灵活性。我不是说要提拔那些支持员工产生很多创意的领导者，这是一个创新型领导者的传统定义。就像宝洁公司那样，首席执行官可以鼓励创意的产生，但他们也可以推动严格的门径流程（就像鲍勃·麦克唐纳那样）和其他扼杀变革性创新的做法。我指的是找出那些有能力理解创意过程，并在遇到困难时能帮助团队向前发展的人。创新型领导者的本质是帮助员工打破常规，接受富有成效的新方向。

展示创新型领导者能力的一种方法是提问。我说的不是质疑一切的人，仅仅为了提问而提问，会扰乱团队的动力和士气。我想说的是，在需要提问的时候，找出那个能理解问题的人。有创造力的领导者知道，当团队表现出决策失误的迹象，或者当出现需要解决的问题时，创新型领导者清楚并会提出正确的问题。一个团队在很多情况下需要领导者的介入。最常见的情况有两种，一种是团队成员向极端方向极化，一种是团队成员一致阻碍创造力。

创新型领导者清楚什么时候该介入

团队极化。我们再看看贾达的例子,在两个关键时刻,她选择提出她的问题。第一次是在这个团队向极端方向极化的时候。当人们为了地位而不择手段,最终在决策过程中对风险采取越来越极端的立场时,群体极化就会发生。你在这个团队会议上看到的情况被称为**保守转变**。也就是说,这个团队转向一个极端保守的方向,重视低风险。你可以看到,当吉姆提到可行性问题时,这种保守转变就开始了,汤姆将其升级为生物恐怖主义,苏珊则进一步升级为与全球黑客的战争。

你也可能会遇到相反的情况,当一个团队转向认同风险极高的创意时,会发生**危险转变**。当团队两极分化到一个极端的位置(保守或危险转变),他们肯定需要被打断。在上述会议中,这个团队几乎到了维持现状的危险地步,而没有采取任何行动来解决问题。富有创造力的领导者通常能把握团队的脉搏,在风险偏离平衡时,他们会意识到这一点。这些领导者通过提出问题来引导大家的注意力,从而使团队恢复平衡。

团队一致。当团队决定追求一个创意并将其推进到下一阶段时,团队一致表现出多种形式和规模。一般来说,当团队陷入困境时,团队一致就成了一个问题。以我的经验,当团队生成选项时,它们可能会陷入生成同一种解决方案的困境。例如,美国西北大学的利·汤普森开创了一个头脑风暴的范例，这个例子是让人们集思广益，提出不同的方法来清理宠物粪便。当我运行这个头脑风暴时，我经常会看到团队中产生许多具有相同属性的不同类型的创意（例如不同类型的袋子，包括没有气味的袋子、无法撕裂的袋子、有香味的袋子、易撕裂的袋子等）。当这种情况出现时，团队成员并没有提供太多有价值的想法，只是在重复和遵循同一思路。因此，在这种情况下，需要一个人指出这一点，并提出问题，将团队转移到新的方向。（领导者可能会问："我们所有的解决方案都是为遛狗的人准备的。一个忙碌的妈妈，要打扫院子，没有时间遛狗，怎么办？"）

当团队选择去追求各种不同的创意和面对变革性创新时，他们仍然能够顺从和锚定。也就是说，团队成员可以集中使用一种"怎样/最好"，甚至"为什么/有潜力"的方式来看待一个创意。在上述这个会议中，里克开始审查每个创意，询问哪个是最好的，这个问题框架得到汤姆的响应，他描述了自己对最好创意的定义。因此，这个小组开始是以一种"怎样/最好"的方式来评估创意的。

当团队聚集在一个"怎样/最好"的问题框架上审查创意时，很快就会发生两种情况。他们要么选择一个解决方案并继续下一个问题，要么陷入困境。"怎样/最好"的方法对于快速做出决策非常有效。但如果你想要一个新颖的创意，一个不间断的"怎样/最好"的框架可能产生一个更保守的转变。在这种情况下，创新型领导者的目标是提出一个问题，帮助团队从"怎样/最好"的框架中摆脱出来。当上面的小组被困在"怎样/最好"的框架中时,贾达通过问一个简单的问题打断了他们,迫使他们拓宽思路,想出解决方案。她提出一个头脑风暴式的问题:"我们应该怎么做呢?"

创新型领导会问问题

我和我的同事认为,有3种问题是帮助团队实现突破的关键。每一种问题都解决了一个不同的问题,团队甚至个人在选择创意时都可能会遇到这些问题。当判断创新型领导者时,要寻找那个知道什么时候该问什么的人。

问题1:我们要解决什么问题? 据说阿尔伯特·爱因斯坦说过:"如果我有60分钟来解决一个重要的问题,我会花55分钟定义这个问题,花5分钟解决这个问题。"

在过去的15年里,我在我的MBA课堂上做过一个简单的模拟。我让4~5人一组的学生决定如何解决一个问题。我给这个组一个选项列表,供其选择。如果你给小组中的每个人分配不同的偏好(通常是在群体中自发发生的),成员们立即开展磋商和拉拢活动,以选择他们的解决方案。但很少有人会问这样一个简单的问题:"我们要解决的真正问题是什么?"如果他们这样做了,他们就会做出更好、更明智的决定。

以我的经验,高管团队往往倾向于迅速地集中讨论,用"怎样/

最好"的方式来解决问题。遇到这种情况，他们可能会认为自己理解试图解决的问题。但当我深入研究时，我经常发现这些团队对这个问题的理解其实很肤浅。

他们会说"我们希望公司赢利"，然后迅速行动。但想要赢利其实不是一个需要解决的问题，而是一个目标。当你确定一个需要解决的问题时，你就开始了解权衡和约束。在上面的例子中，你可以看到当吉姆发现需要解决的问题时，他开始处理权衡问题：做出符合成本效益的决定，同时改善患者的医疗保健。换句话说，一个创新型领导者不只是问"我们要解决什么问题？"，然后继续往前走。一个创新型领导者能感觉到团队成员是否真正理解他们所面临的问题、权衡和真正的约束。

创新型领导者也可能会问，对于未来"我们想要解决什么问题？"。这就是马克·安德森在风险投资公司安德森-霍洛维茨基金中扮演的角色的魅力所在。当他问及未来时，他使团队从眼前的问题中走了出来，将焦点放在当前约束之外。

我相信，深刻理解你现在和将来都在试图解决的问题，是引领创新进程的关键。在你领导创意产生的过程中，这一点很重要；当你领导创意的实施过程时，这一点同样重要。当团队只是选择解决方案而不是去实际解决问题时，创新型领导者会有所察觉。当成员为自己的利益互相拉拢和协商时，团队只会选择解决方案。当团队确定解决方案并处理他们面临的问题时，他们才会解决问题。当创新型领导者看到团队只是在选择解决方案时，他们必须毫不迟疑转变前进的势头，并将团队引向解决问题的方向。

问题 2：为什么这个解决方案有价值？ 我和伦敦大学学院的萨拉·哈维对决策团队进行调查时发现，质疑"为什么"能帮助团队接受新创意。

我们发现，团队通常会聚焦于一个解决方案，使用"怎样/最好"的方式来审查这个创意。当这种情况发生时，这些解决方案是非常可行的，这一点很重要。但我们也发现，团队有时也会选择创意，如果他们知道他们的组织可以很容易实现这些创意。当然，问题是，仅仅由于一个组织能够做一些事情，并不意味着他们的客户会买账，也不意味着这会解决问题。

问**"为什么"**这个问题的好处是，它能帮助团队拓宽视野、重新调整方向，并看清大局。当一个团队准备支持一个非常可行的创意时，一个成员问："为什么这个创意有助于实现我们的目标？"这让团队感到沮丧，甚至一些成员会恼火，因为他们喜欢取得进展。但也有一些成员承认，这个解决方案并不真正符合公司更广泛的战略使命，也没有解决他们认为客户面临的紧迫问题。所以最后，这个团队做出一个很好的决定，不支持这个极其可行，但可能不会产生利润的创意。

问题 3：我们怎样才能使这个解决方案奏效？ 当领导者问："我们怎样才能使这项工作成功？"时，他们是在 FAB 框架内使用一种拓宽策略。我与阿肯色大学的斯科特·艾德尔曼的研究表明，这类问题的好处在于，让人们在做决定前进行头脑风暴，有助于降低他们的现状偏好。我们仍在确定机制，但我的直觉是，头脑风暴意味着现状没有那么好，需要被改进。头脑风暴的创意还可以让小组成员玩得开心，感觉良好，从而减少任何对做出糟糕或错误决定的焦虑感。

创新型领导者力求在"怎样/最好"和"为什么/有潜力"的问题框架之间取得平衡

创新型领导者会在"怎样/最好"和"为什么/有潜力"的解决问题的方法之间找到平衡。一般来说，你需要一个平衡。当团队太偏向一个方向时，创新型领导者就会开始问问题，让团队朝着一个更加平衡的方向前进。例如，尽管这并不常见，但我看到一些团队在"为什么/有潜力"的方向上走得太远了。一组人正在讨论这个创意的未来影响，创新型领导者只是简单地问了一句："我们**现在**如何使这个创意可行呢？"

创新型领导者了解探究过程

看一下我们这个时代一些富有成就的创新型领导者：托马斯·福格蒂医生资助那些了解创新过程的创始人。耐克首席执行官马克·帕克被《财富》杂志评为 2015 年度的商业人物，他的职业生涯始于设计师。帕克通过实验过程进行设计，他把这个过程描述为"构思、制作。让运动员试穿，把所有的反馈收集到一起，然后修改。整个过程是一个非常紧凑的循环"。

诺和诺德首席执行官拉尔斯·索伦森被哈佛商学院评选为 2015 年全球最佳 CEO。他说，近年来，他的领导风格已经"涉及研究方面"。谷歌首席执行官拉里·佩奇，是 Glassdoor 网站上排名第一的首席执行官，他从小就在做实验，在密歇根大学获得本科学位时，他用乐高积木做了一台喷墨打印机。在攻读计算机科学博士学位期间，佩奇开始了一个研究项目，这个项目很快成为他论文的重点，并成为现在的谷歌搜索引擎。

创新型领导者了解探究的过程，通常是因为他们在这方面受过训练。实验方法是研究的最有力的方法之一。科学和人文学科中的任何一门学科，都会采用某种版本的实验方法。以我的经验，实验方法并没有以任何实际的方式被纳入 MBA 或本科商业教育课程。MBA 不做真正的研究项目，也不写硕士论文。MBA 甚至是商业本科生接触到的研究、统计、实验方法、测量，通常只是表面上的。

因此，如果你想在你的组织中培养更多的创新型领导者，一个简单的方法就是雇用有丰富研究经验的应聘者。找那些在教授实验室做了两年或两年以上研究助理的本科生和研究生，他们所学的学科并不重要。看看这些学生是否在学术会议上发表过论文，或者是否与教授一起在重要期刊上发表过论文（以及论文在某年平均被引用的次数）。如果应聘者有创业经验，看看他们是否使用了某种版本的实验方法（如精益创业方法）来提升公司的业绩。

了解应聘者是否具有有意义的研究经历（不仅仅是表面接触过研究），可以明确地问他们对哪些问题感兴趣，以及他们为了探索研究做了怎样的设计。此外，在面试中，看看这些应聘者是否能用实验的方法描述如何解决你关心的问题。换言之，在选择未来领导者时，要看应聘者是否使用了一种方法来获得结果，而不是只关注他们过去的经验或最终结果。

在选择创新型领导者时，你需要的是那些有能力将好奇心转化为改进产品和流程的人。了解会计、财务，甚至管理方面的知识固然不错，但这还不够。有行业工作经验也不错，但也不够。你要找的是主动学习研究技能的人，而不是课堂上教授的人。你要找的是一个具有现实世界研究经验的人，他可以使用某种方法来解决你的组织需要解决的问题。

总而言之，如果我们关心变革性创新，那么选择能够容忍和管理他人不确定性的领导者是至关重要的。一个能够容忍不确定性的领导者的第一个特征就是承认自己不知道答案。我看到一些领导人表现出这种不确定性，他们说："通过在这个严谨的过程中群策群力，我们会找到答案的。"

记住要重新训练你的大脑来认识创新型领导者。如果一个人还不是一个领导者,并且说"我不知道",那么传统的方法可能会将他归于软弱或缺乏能力的一类。但这是一种落后的思维。相反,要重新定义这个人:表明他有内在的力量去成为真实和谦逊的人。

那些承认自己不知道的人,是真的不知道,还是具备领导潜力,需要你用大脑重新分类,然后你只要看看他们知道什么,就可以知道他们是不是创新型领导者。创新型领导者现在可能不知道最终的结果,但知道引导生成你需要的答案的过程。

第 8 章

与其继续产生创意不如着重制造影响力

创新领域总是建议产生越来越多的创意。你产生的创意越多,它们中的任何一个为员工的职业生涯或公司带来巨大财富的可能性越高。

美国企业界肯定接受了这一建议。据说,谷歌将给员工 20% 的自由时间开发和探索符合公司优先考虑的创意。越来越多的大公司鼓励**内部**创业,鼓励员工在现有公司内设计和组建新的企业。众包网站,如亚马逊的 Mechanical Turk 和宝洁的 Connect+Develop,可以根据问题的复杂性和平台上的用户数量,每小时产生数百个创意。研究表明,很多这样的创意都是高品质的。

你对此有何看法呢? 2015 年,我参加了一个创新大会,坐在观众席上,聆听 5 位企业高管谈论他们面临的创新挑战。他们每个人都对创新充满激情,并希望得到更多的创新。我直截了当地问他们:"你们是在寻找**更多的**创意吗?"每个人都断然给出否定的答案!他们一致认为，他们面临的挑战并不是产生很多替代品。埃里克·莱斯在他的新书《精益创业》中指出，产品开发经理也有同样的感叹，他们有太多的创意可供选择。产生更多的解决方案不是问题所在。

显然，我们已经克服了创意的思维障碍，创意层出不穷。我们站在所有这些创意之上，俯视着我们成堆的创意概念。但我看到的，是越来越多的高管对这堆创意不屑一顾的表情。为什么高管们对新创意如此冷落呢？

因为他们变得不知所措。

一家公司提到，员工经过头脑风暴，一天时间就产生了很多创意，管理层花了两个月的时间来审查和讨论这些创意，更不用说对这些创意采取实际行动了。从那一天起，高管们对于他们需要花多少时间和精力来管理汹涌而来的创意感到目瞪口呆。

创意生成计划给管理层带来巨大的工作量，管理层需要倾听、分析和考虑来自大量员工的建议中的无数选项。考虑多种选择的时间压力增加对变革性创新有什么影响？研究表明，当你增加一个人必须考虑的选项的数量时，他对现状的偏好就会提升。随着决策者工作量的增加，他们对新选项的偏好就会降低。换句话说，大量选项的产生，会增加工作压力，这肯定会让高管们拒绝变革性创新。

当然，这个问题在于，在组织中生成的创造性想法，并没有利用变革性创新。没有明确专注于变革性创新的创造性想法的生成，压倒了管理层，最终的结果是，原本希望培养出来的极具创造力的想法被束之高阁。

但也有一线希望。我之所以写这本书，是因为我相信我们可以设计一些组织来产生创造性想法和进行变革性创新。也就是说，你可以两者兼得。要做到这一点，我们需要考虑如何整合这两个系统，而不是我们现在所做的，只专注于一个系统。我们需要把变革性创新构建到我们产生创造性想法的结构中。

用变革性创新培养创意产生

运作好你投资的每一家臭鼬工厂，用好你在研发上的每一分钱，安排好你给员工的每一次头脑风暴，以及利用好为你产生最佳新解决方案的每一个众包平台，除此之外，你还需要在组织内部进行变革性创新，以使突破性的创意产生真正的影响。我认为**创意产生与改变的比例是1：1**。每花一个小时、一美元、一个想法、一次会议来产生或发展一个创造性的想法，就要花同样的时间、精力和金钱来设计一个组织，并让你的员工具备接受它的能力。

你无法逃避这样一个现实：产生创造性想法是一项艰苦的工作。有一种观点认为，变革性创新和最初产生创意一样耗时耗力。因此，如果不仔细建立一个系统来管理组织中的变革性创新，你利用创造性机会的尝试就会失败。

一旦愿意花时间和精力去发展变革性创新，你就可以精确定位你的组织扼杀它的确切位置。当涉及管理创造力的时候,每一个组织在组织结构、人员和价值观方面都是不同的。因此,要实施变革性创新,没有一种放之四海而皆准的方法。然而,我看到的一个模式是,公司和员工在如何规划创意产生方面相当**积极**,但在如何规划变革性创新方面却相当**被动**。我在大型组织中看到的一个比较典型的场景如下所述。

丽莎是一家大型消费品公司的营销主管。她所在部门的每个人都同意她提出的一个创意,她很兴奋,尽管这个想法还需要一些调整。在丽莎提出这个创意后,这个团队走到一起,对其进行了改进,并制作了一个原型。它奏效了,消费者表示很喜欢。

整个过程花了6个月的艰苦努力,时间至关重要。在丽莎得到部门主管的认可后,她的团队决定相对快速地推出该产品。他们约定了上市日期。她现在所需的是得到监管部门几个人的批准,然后是一些高层管理人员的批准。这应该不太难,对吧?

丽莎认为这是一件轻而易举的事儿,于是决定向监管部门发送一份原型的副本以供审查。当收到监管部门领导的反馈时,她惊呆了,他们建议搁置该创意。

丽莎很快就和监管部门负责人戴夫开了个会。在会议上,她告诉戴夫,她的整个部门都支持这个项目,并且它已经在消费者中得到完美的测试。她告诉他,首席执行官正在要求更多的创新,她的团队正在努力响应这一号召。

戴夫耐心地听了丽莎慷慨激昂的恳求后说："这有可能给我们带来一场巨大的官司，我们不能对此竖起大拇指。"

丽莎不敢相信自己的耳朵。她回去告诉她的团队成员，他们被激怒了，这是可以理解的。他们抱怨说，监管部门对任何新事物都抱有偏见。他们一致的看法是，监管部门是坏人。团队成员认为，无论他们如何改进自己的创意，监管部门都会说"不"。每个人都同意，在向高级管理层推销之前，他们需要得到监管部门的支持，但他们也一致认为，监管部门没有动机说"是"。最后，团队失去了动力，项目被搁置，团队中的成员开始流失。

丽莎的计划失败是谁的错？监管部门应该承担责任吗？还是丽莎和她的团队造成了这一问题？发生这一事件的公司高管想知道谁该为此事负责。每个人都想去指责他人，这个问题一直没有得到解决，因为没有人知道答案。要是没有人该受责备该怎么办？如果问题的原因是多方面的，并且源于丽莎、团队和组织处理变革性创新的方式，该怎么办？

培养主动的变革性创新，减少被动的创造性排斥

从三个不同的层次，即丽莎（单个员工）、团队和组织分析这个场景，你可以快速找出你的组织中的变革性创新计划失败的地方。一旦知道了瓶颈和死角在哪里，你就可以学习如何设计一个系统来防止它们发生。我相信，即使你不是一个决策者，没有正式的权力，你也可以设计这些系统。

让我们来看看丽莎是如何进行变革性创新的。丽莎在两个方面都很成功。她与她的团队和老板做出了变革性创新。但为什么她不能和戴夫一起做出变革性创新呢？我认为有四个陷阱会阻碍人们进行变革性创新。

第一个陷阱是我经常遇到的。在产生创意的过程中，我们会疯狂地爱上它们。我们在自己的头脑中建立这样一个观点，即每个创意都非常棒，如果某些同事拒绝了这些创意，那么他们肯定是目光短浅的，或者对创造力存有偏见。因此，我们需要立即抵制反馈，特别是负面的反馈，即使这种反馈对于帮助我们打磨我们的创意是最有价值的。注意丽莎和她的团队对戴夫反馈的反应。团队没有立即着手解决戴夫发现的问题，而这可能是一个很简单的解决方法。他们只是忙着生气和抱怨。

第二个陷阱是，在我们愿意与他人分享自己的创意之前，我们会本能地改进和提炼自己的创意，使其达到完善的程度。像丽莎一样，人们可能会认为，当项目完成并因此得到完善时，才是外部人员（例如戴夫）进行变革性创新的正确时机。丽莎一直等到这个想法在她脑海中确定下来，才去见戴夫。当然，这构成了一种不切实际的期望。

我也看到相反的情况，员工们与决策者一起集思广益地讨论一些尚未成熟的创意，看看哪些是决策者最喜欢的，这种策略也往往适得其反。我的研究表明，决策者认为，与他们一起集思广益的员工（而不是一次向他们推销一个创意,或要求他们就一个创意提供反馈)相对缺乏专注性、效率低下、天真。与决策者一起集思广益(而不是要求反馈来完善一个创意)的结果可能是创意被淹没,而不是给老板留下深刻的印象。

第三个相关的陷阱是,在生成和精炼一个创意时,我们忘记了我们的创意会有很多使用者。我们会认为使用我们产品的客户只有一种。管理层必须使用我们的产品,他们必须购买我们的产品。因此,虽然测试我们的创意并从客户或消费者那里获得反馈是很常见的,但在创意处于萌芽状态时,我们往往不会从组织内部的其他人那里获得反馈,包括决策者。

第四个陷阱是,在试图实施变革性创新时,我们很容易使用错误的策略。丽莎在接近戴夫时,采用了直接推销策略。丽莎推销自己的创意,好像在分享一个常见的想法,她认为只要她满腔热忱地提出这个创意,很多人就会喜欢它。

但对于专家来说,创造性的想法是很棘手的,因为很难看出它们的独特用途。每个决策者对有用性的看法也可能不同。以戴夫为例,他并不在乎是否有很多客户喜欢这个创意,他只关心这个创意是否合法。例如,丽莎可以用一个类比,把她的创意和其他地方已经合法使用的另一个创意进行比较,说明自己创意的合法性。但她没有迈出这一步。

为了不使事情变得更复杂,我们的本能是,坚持自己的想法并将别人的想法拒之门外，这会为我们带来很大的好处。首先，我们已经知道，管理者典型的下意识反应是排斥新创意。如果我们与其他人分享我们的创意而他们并不喜欢，那么我们的创意在得到展示自己优点的机会之前，在组织内部会受到负面的影响。

从外部获得反馈也会损害有创造力的想法。哈佛商学院的克莱顿·克里斯坦森说："在接到销售、财务或工程部门通知的前两周，你还没有进入状态，他们会阻止你，除非你根据他们的需要进行修改。公司内部那些强大的支持者会一起把事情打造得更符合现有的商业模式，而不是市场机会。"

换句话说，当涉及变革性创新时，你有一些重大的障碍要克服。具有"怎样/最好"思维模式的外部决策者更有可能抵制和不喜欢你的创意。因此，拖延时间，把变革性创新留到最后一分钟，几乎肯定会失败。

开始创意产生的过程时，脑子里要充满变革性创新。绕过这些陷阱的方法是，首先将变革性创新构建为产生创意的方式。克里斯坦森担忧内部分肥政治会损害创意的独特性，这是一个真正的担忧。好消息是，这类担忧是可以解决的，但问题的解决不是一蹴而就的。

涉及组织内部（或外部）的问题，我们可以使用第 5 章描述的 FAB 框架。例如，你可以通过使用反馈的声音改变产品或创意从而解决问题，或者你可以决定根本不改变这个创意本身。相反，你可以将你的创意框定为已经解决了这个问题（实际上不改变创意本身），例如通过使用各种匹配（用于描述你的创意的提示）或顿悟（结合）策略。后一种方法更多地是细化你如何向他人推销你的创意，而不是完善你的创意。

换言之，你不必总是为了解决决策者的担忧而改变创意本身。如果你担心改变一个创意会降低其独特的价值，那么你可以选择改变框架，以及与决策者沟通创意的方式。如果你能以一种不破坏其独特用途的方式修改最初的创意，那么你可以在接受决策者的反馈后，获得他们的支持。

如果你担心决策者的反馈会损害你的创意的质量，那么你可以收集数据来验证你的担心。例如，你可以让两个独立的客户组对同一原型的两个版本提供反馈——一个是针对决策者的反馈进行调整，另一个则不是。实际上，你可以测试一下决策者是在帮助还是伤害一个创意的吸引力，但这需要大量的时间和精力来实施。

如果丽莎在更早的阶段就向戴夫提出她的创意，那么在她承诺推出产品之前，她可能已经得到反馈。然后她的团队可以判断反馈是否会损害这个创意的独特性和价值。如果团队为解决戴夫的反馈而生成的解决方案使这个创意变得更好，这显然就是个好消息。然后，丽莎可以与戴夫安排第二次会面，感谢他的反馈，向他展示她的团队在解决他的问题之后的新创意，并请求他的批准。

如果他们提出的解决方案实际上损害了这个创意的价值，这也是一个好消息。首先，他们会有数据表明这降低了创意的价值。其次，他们现在知道，他们需要改变为戴夫描述这个创意的方式。他们的目标是吸引戴夫的兴趣，因为他们现在知道这些兴趣是什么，所以再做起来会更有优势。

对于不同类型的决策者，你可以为同一创意构建非常不同的方式。加拿大韦仕敦大学艾维商学院的简·豪厄尔描述了一位成功的创意冠军的建议，他认为销售一个创意需要一个人"了解人们需要听到什么，并以对他们有用的处理方式，提供给他们信息"。豪厄尔举了一个例子，一个汽车制造公司的雇员，他出售自己的创意，用一个便宜得多的版本替换公司目前使用的汽车安全气囊，现在正在使用的安全气囊每个售价 75 美元，而他的每个售价只有 5 美元。你告诉公司总裁，他有营销背景，有 5 000 万辆车，每辆车都有安全气囊，目前使用的解决方案是 75 美元，而我们现在有个 5 美元的解决方案。你告诉负责制造的人，他不必购买任何资本设备来做这项工作。关键是，公司总裁可能关心成本，而负责制造的决策者可能关心的是安全性和可行性。为了有效地推销一个想法，你需要针对每个决策者的具体关注点进行不同的描述。

换句话说，只有当高管认为创意符合公司独特的生态系统时，创意才能在组织中获得成功。简·豪厄尔描述的销售策略就是一个例子，在这个销售策略中，你将想法构建为已经符合决策者的利益。为了使这一战略发挥作用，你必须在这一过程的开始，就准确地知道决策者的真正利益是什么。

底线是，一个新创意是否完全符合每个团队的独特关注点？可能不是。其他团队会抵制你的创意吗？极有可能！丽莎有没有其他的策略，可以用来成功地与戴夫和其他人进行变革性创新？绝对有！

当进行变革性创新时，情况会很快变得复杂。在每种情况下，你试图做出的变革性创新将是不同的，因为你面对的人可能是不同的。我建议，与其对情况的发展做出反应，不如制订计划和策略，积极实施变革性创新。当你和你的团队想要拥抱一个新的解决方案时，你需要开始思考变革性创新。

当你开始产生和发展你的创意过程时，你的头脑要有变革性创新。不要试图自己去做所有这些事情——只要有可能，寻求他人的帮助。

新圈子的力量。一些公司，比如谷歌，从一开始就知道新圈子的价值，它让一小群人聚集在一起，共同实现变革的目标。2012年，梅根·史密斯担任X公司（当时公司名为谷歌X）的副总裁。她认识到，从事技术工作的女性所做的贡献得到的赞扬相对较少。因此，她创立了女性科技创造者（Women Techmakers）项目，在这个项目中，谷歌让员工在空闲时间讨论如何提高和增加女性在科技领域的知名度和资源。这样做的好处之一是建立了一个因共同事业而团结在一起的人际网络。还有一个好处，当你在销售一个创意时，你可以和房间里的其他人一起思考如何销售和推销创意，他们可以给你反馈，打破你效率低下的习惯。

当我主持关于变革性创新的研讨会时，我问听众中的高管们这样一个问题："你们中有多少人有过创造性的想法，而你们公司的其他人却无法认可？"大多数人举手回应。然后，我把人们分成小组——换个圈子——让他们用FAB框架集思广益，用不同的方法构思和推销他们的创意。

我开始注意到一些模式。第一种模式是高管们开始分享他们的创意，他们通常是这样说的："我什么都试过了，但是……"我也听到这样的说法："管理层就是对创造力有偏见……"

我了解到，人们会被失败的销售目标或悲观的信念束缚和限制。就像你在试图创造性地解决问题而找不到答案时会陷入困境一样，你在试图推销一个创意而不知道正确的框架时也会陷入困境。摆脱困境最有效的方法之一就是向他人寻求帮助。

我注意到的第二种模式是，那些向小组提出自己创意的人，往往会惊讶于有那么多富有启发性的方式能让成员对自己的创意做出回应。有时候，我甚至听到会议成员问出一些很好的问题，比如"告诉首席执行官我们的企业10年后将会倒闭，怎么能让她现在就感到失败呢？"换句话说，你可以自己尝试使用FAB框架，但更好的方法是找到你信任的其他人，并把你的创意告诉他们。

那么，在一个新圈子会议中，你应该招募谁来征求这种反馈呢？来自不同部门的人。你的新圈子加入不同的观点，只会提高它的价值。如果丽莎在项目开始时就构建一个新圈子，那么她可能已经了解到人们在项目初期阶段就需要得到监管部门的批准。组织中的其他人很可能也遇到过丽莎，她本可以从他们的经历中受益。

此外，你甚至可以邀请来自某个部门的人员，在某些时候，你可能需要获得批准。你可以找出谁了解这些决策者，哪些决策者更抗拒改变，哪些决策者对新创意持开放态度。换言之，你可以从其他部门获得盟友，实现你想要的改变。

如果你想改变你的组织，无论是创造性的还是其他的，从新圈子开始，将是一个有益的经验。你可以随时和新圈子的人见面，但我建议每周开一次会。我也建议新圈子包括大约 5 个人。这是有原因的。自然形成的讨论小组往往会在 5 个人之间展开讨论。超过 5 个人意味着在你的讨论中有人会腾不出空余时间。一些新圈子将以圈中某个成员面临的特定问题或挑战开始，并以其他成员的建议和更新结束。我发现大多数成员可以花一个小时来思考一个单一的改变计划，所以计划在每次会议上讨论一个改变问题。

我在本书中加入了许多不同的变革性创新策略。一位员工分享了她的反馈意见，她顺便问了一位决策者："我的团队一直在讨论这个创意。你觉得怎么样？"她注意到，在一个项目的初期给出反馈意见，与等到这个过程的后期说"我的团队已经在这个项目上夜以继日地工作了几个月。你觉得怎么样？"的结果非常不同。

在前一种情况下，她在决策过程中很早就收到关于决策者想法的关键信息，从而能够准确地知道如何向同一个人描述这个创意。她发现，决策者甚至不记得那次谈话，但他喜欢她后来的陈述与他的兴趣明显相关。在后一种情况下，决策者对提供非正式反馈的态度要谨慎得多，他可能会建议召开一个正式的会议时间来记录任何决定。后一种方法使了解决策者可能真正想要什么变得更加困难。

当你遇到计划改变时，我鼓励你通过我的网站jennifersmueller.com把你的故事发给我。我将尽我最大的努力把它们张贴在我的博客页面上（如果你愿意的话，为了保密，我会屏蔽你的身份），并与其他人分享，这样我们都可以学习做出变革性创新的不同方式。

协调团队的变革性创新。一个人能否领导创意的产生过程，对外宣传创意，然后管理项目的前进势头？埃拉·米隆·斯科佩尔和她同事的研究表明，答案往往是否定的。产生创意并使其适应组织的过程是非常耗时和复杂的，很容易让你在一个方向上偏离太远。如果你想让创意变得新颖，那么你可以在另一个方向上使这一想法可行。甚至有证据表明，有些人在一项活动（如开发创意）上确实很有天赋，但不一定在另一项活动（如组织政治）上有天赋。但是，指派人员或尝试在外部销售创意的团队可以更有效地执行产生创意的任务。

在第6章中，分派两个主要决策者的解决方案部分地解决了这个问题。如果丽莎采用这种方法，那么她可能会指派自己作为团队的创意总监，而指派其他人（也许是另一位经理）担任监制人或预算经理，她将担任与其他团队打交道的大使。

在这种情况下，监制人的工作是主外，也就是与整个组织的所有外部决策者建立联系，以便更好地了解他们的需求和关注点。然后，当团队正在设计总体构想时，大使正忙于外部谈判，但随着构想的发展，大使也在内部与团队其他成员进行谈判。戴夫的法律问题早就被监制人解决了——也许是在创意产生过程的一开始。

跨职能团队有时会为公司的每个职能部门指派大使。与我共事的一家公司指派其产品工程师与研发部门沟通，营销人员与营销部门沟通，运营人员与主要决策者沟通（他们碰巧有运营背景）。关键是，如果你的团队在创意产生过程中能分配各种外部关系角色，那么变革性创新更有可能获得成功。

组织结构上的变革性创新。大多数时候，决策者是这个屋子里收入最高的人。在小公司里，变革性创新可能更容易设计，因为公司的人更少。对一个创意说"好"的人越少，你获得内部认同的时间就越短。当然，如果你唯一的决策者说不，你在小公司里也会遇到大问题。相比之下，在大公司里，你需要很多人对创意进行审批，所以这个创意可能在几个批准阶段中的任何一个阶段夭折。但你也会发现，公司其他部门的经理可能会同意。

许多组织的结构就像领地，每个部门控制着决策蛋糕中的一块。

这意味着，创新的决策可以由一组高层管理者参与，由他们来决定是否进行创新。但是，在这一过程中，那些支持新思想的人需要把他们的思想推给所有的领域。在丽莎的案例中，继续前进的决定需要三个层面的绿灯——团队领导、监管部门和高层管理决策机构。因此，在这种情况下，决策是分散和分层的，这种结构会使创造性团队的创意很难被接受。

相比之下，你的首席执行官或主要决策者如果与你一起参与创意的产生过程，你就幸运了——这个人会更容易接受创意。你的主要决策者如果有一个发明家的思维方式，你也是幸运的。那些领先的谷歌版本的臭鼬工厂X，与谷歌的共同创始人谢尔盖·布林和拉里·佩奇保持着一种开放的态度，他们的创意就像发明家一样，把失败理解为仅仅是迈向成功的一步。因此，向他们展示这些缺陷不一定会阻碍一个项目。

然而，在上面的例子中，戴夫是一个唯一的决策者，他认为自己的角色纯粹是评价性的。他没有处于解决问题的模式中，他说："我们怎么能够这么做？"他干脆拒绝了。这与戴夫是什么人以及他的个性无关，而与他的角色结构有关。戴夫的角色是监管部门的负责人，他只是在做他的工作——他在监管。

因此，组织如何组织他们的决策角色可以改变你使用的策略，以及你需要花费多少时间来管理变革性创新。决策层越多，你管理它们所需的时间和精力越多。层次越少，越容易将决策者更直接地集成到创意产生过程中。

如果你在领导一个组织，关键是你要了解你的员工需要经历多少层的决策才能进行变革性创新。如果你有不止一层的正式决策权，那么那些试图在你的公司里冒出来的最具创造性的想法，很有可能会过早夭折。

当大型企业的首席执行官告诉我，"我不明白为什么我的员工没有创造性的想法"时，我从不感到惊讶。通常，我会发现员工的想法正是被所有官僚决策层扼杀的。一旦知道了决策层的数量和决策者是谁，你就可以重新设计这个系统的制衡机制。你也可以决定削减决策层。如果你的决策者使用第 4 章概述的自我突破策略，我打赌你只需要一层，记住，你可以使用群体智慧法将你提出的想法筛选到一个合理的数字。

为什么变革性创新会一直存在

你产生了大量的创意，超过其他人，而变革性创新可能会停滞不前。这就是只产生创意的问题。在现实中，要想使变革性创新发生，你就需要（在几乎相等的尺度上）产生创意。在一个变革性创新的过程中工作，你就需要管理出现的创意，然后决定实施那些最有希望的创意。围绕变革性创新的工作永远不会真正结束。我们对创造性想法的抵制永远不会消失。原因在于，创意一旦被采纳、使用、实施和制度化，它就会成为现状。

总的来说，我给你的信息是：我们一直在管理创造力，就像它是一个评估风险的理性过程，而不是一个管理不确定性的心理过程。当你以理性的、经济的、"怎样/最好"的角度看待一个创造性想法时，它给你带来的不确定性只是一个麻烦。从"怎样/最好"的角度来看，任何不确定的创意都会变得效率低下。以"怎样/最好"思维模式来看，唯一"好"的创意是那些我们完全确定会成功的创意。当然，我们如果这样定义和限制"**好**"这个概念，我们就是在排斥创意，并且会发现自己很容易选择那种继续不受消费者欢迎且使我们困在不停追求细枝末节的下行循环中的创意。

换言之，太多的高管已经相信一个非常诱人的谎言。高管们希望这个世界是可预测的，在这里，人们做出好的决策是因为他们是专业的天才，而做出坏的决定是因为他们不够聪明。有些决策可以这样做，但事实上，如果有变革性创新，就不会这样了。

你无法评价一个创意成功的风险。这并不是因为你不够聪明和能干，而是因为没有人知道。群体智慧也许会告诉你，很多消费者喜欢一个创意，但它无法告诉你，这个创意的技术是否可用、是否可行，这个创意是否有持久力，市场状况是否会保持不变，或者是否会出现另一种突破性技术让你的创意过时。

但是，一旦承认衡量标准本身不是答案而是通向答案的**路径**，我们就不会受到恐惧的制约。现在，我们可以做出一些真正的选择了。我们可以停止浪费时间去了解不可知的事情。我们可以接受焦虑和不确定性，而不是逃避它们，因为我们可以把不确定性理解为希望，并怀着发现和真正进步的愿望去战胜它。

因此，你要诚实地告诉你自己，你是否以"怎样/最好"的思维模式来对待创造力。如果你这样做了却仍然想要变革性创新，那么你是时候该进行自我突破了。但突破过程会让人感到不舒服。管理学领域最有影响力的学者之一巴里·斯托指出："很少有管理者愿意为创新付出代价。对大多数管理者来说，创新意味着他们必须做错事。"

现在，经理们不知道如何在发挥自己作用的同时，又不会在创造力方面做错什么。还有另一种方法，可以帮助管理者感觉自己是创新过程的一部分，而不是被创新疏远。我试着概述一下这种方法是什么以及如何实现它。本书所概述的策略旨在帮助我们自己和他人达到一种平衡：一种怀疑的爱，而不是极端的爱或恨。

最令人欣慰的是，人们热爱创造力。当人们意识到一个想法具有创造性时，它会让他们感到高兴和惊讶。只要我们热爱创意，我们就有能力接受创意，改变现状。

虽然《原子科学家公报》的科学与安全委员会已经宣布，人类离毁灭只有三分钟的时间，但我个人持更乐观的态度。对我来说，人们一直在管理创意的产生，却没有积极地管理变革性创新这一巨大优势。现在，我们看到的是有史以来对创造力最悲观的结果：对创意的习惯性拒绝。在变革性创新方面，我们不可能做得比目前更糟，所以唯一的出路只能是向上。

但首先,我们必须面对这样一个残酷的现实:接受新思想的最大障碍或许来自我们自己。而且,我们越早学会如何发现自己无意识的抗拒模式并加以应对,就能越早取得真正和有意义的进展,就能越早开始共同努力,拥抱我们想要的世界。

致　谢

我要感谢的人太多了，我不想在这里一一感谢每一个值得我感谢的人，我会向他们当面表示谢意。

在这里，我只想感谢那些对本书有直接贡献的人。亲爱的读者，首先我要感谢你，感谢你和我一起踏上这段旅程。你我都知道让创造力发挥作用有多难——我们都知道这是一个复杂而混乱的过程。但是你坚持了下来，你读了这本书（甚至包括我的致谢），我感谢你的支持和兴趣。我写这本书是为了那些真正想要在这个世界上拥有更多创造力并致力于改变的人。如果你就是那个人，这本书就是我为你写的。请访问我的网站jennifersmueller.com，或者通过电子邮件给我留言或评论，这样我们就可以继续对话，互相帮助。

还有一些人，没有他们，这本书也不会存在。我说的不仅仅是我的妈妈，她为第1章提供了精彩的插图并热情地鼓励我，或者我的爸爸，是他最初鼓励我成为一名科学家，我说的是那些劝我写这本书的人。如果你正在读这本书并且喜欢它，你也应该感谢他们。我要感谢我的经纪人贾尔斯·安德森，他推动了本书的出版。当然，还有里克·沃尔夫，我在霍顿出版社的编辑，他有着使这本书成为现实的远见。里克拒绝了我的前两个建议，他说："珍，没人愿意读研究人员写的书。你要让这些故事变得有意义，变得生动起来。"他逼我这么做。我也要感谢彼得·伊科诺米帮助我提高写作水平，并鼓励我使这本书更具说服力，也更简洁。

本书中的许多观点都是通过与马修·克罗宁和杰弗里·勒文施泰因的对话和合作直接形成的，他们对这一主题的洞见和热情一直激励着我。

此外，对于我的研究合著者和合作者，对于你们为我写这本书所做的工作，我表示衷心的感谢：特雷莎·阿玛比尔、杰克·贡萨洛、席穆尔·梅尔瓦尼、珍妮弗·迪尔、萨拉·哈维、迪山·卡姆达尔、伊桑·伯里斯、朱莉娅·明森、里克·拉里克、维什·克里希南、谢里尔·瓦克斯拉克、珍妮弗·奥弗贝克、西加尔·巴萨德、斯科特·艾德尔曼、巴里·斯托、普里亚·卡纳安、纳拉辛汉和曼迪·奥尼尔。

我还要感谢书中那些为访谈和例子做出贡献的人，他们是托马斯·福格蒂、杰弗里·所罗门、罗布·库克、罗布·B.麦克拉里、安德烈亚·麦特维辛、詹纳·冯德拉谢克、奥斯汀·雅各布斯、安妮·恩戈、肖恩·威尔逊、蒂姆·库沙尼克和丹尼拉·莱尔。

当然，如果没有我的丈夫史蒂文·本吉斯为我带来的变革性创新，那么我又会是怎样呢？我把这本书献给他。感谢我的家人，朱丽叶、凯文、朱莉娅、切特、乔纳、阿瓦、安、克利夫、埃尔克、杰弗里和皮特，他们为我加油助威。还有家里的狗，巴奇和萨米，我感谢它们在整个写作过程中一直依偎在我身旁。

现在，让我们去进行一些变革性创新吧。

参考文献

前言　非创造性破坏的种子

the divine): W. Niu and R. J. Sternberg, "The philosophical roots of Western and Eastern conceptions of creativity," *Journal of Theoretical and Philosophical Psychology* 26, no. 1–2 (2006): 18.

than to embrace it: B. M. Staw, "Why No One Really Wants Creativity," in *Creative Action in Organizations: Ivory Tower Visions and Real World Voices,* C. Ford, D. A. Gioia, eds. (Thousand Oaks, CA: Sage Publications, 1995).

old markets: J. Schumpeter, *Capitalism, Socialism, and Democracy* (New York: Harper & Brothers, 1942).

第 1 章　隐藏的创新障碍

most people chose: D. Ellsberg, "Risk, Ambiguity, and the Savage Axioms," *Quarterly Journal of Economics* 75, no. 4 (1961): 643–669.

Ellsberg paradox: C. R. Fox and A. Tversky, "Ambiguity Aversion and Comparative Ignorance," *Quarterly Journal of Economics* 110, no. 3 (1995): 585–603.

associated with creative ideas: G. Day, "Is It Real? Can We Win? Is It Worth Doing?: Managing Risk and Reward in an Innovation Portfolio," *Harvard Business Review* 85, no. 12 (2007): 110.

idea implementation: R. M. Kanter, "When a Thousand Flowers Bloom: Structural, Collective, and Social Conditions for Innovation in Organizations," in *Research in Organizational Behavior*, B. Staw and L. L. Cummings, eds. (Greenwich, CT: JAI Press, 1988).

the status quo: W. Samuelson and R. Zeckhauser, "Status Quo Bias in Decision Making," *Journal of Risk and Uncertainty* 1, no. 1 (1988): 7–59.

we think it is: D. Kahneman, J. L. Knetsch, and R. H. Thaler, "Anomalies: The Endowment Effect, Loss Aversion, and Status Quo Bias," *Journal of Economic Perspectives* 5, no. 1 (1991): 193–206.

to avoid uncertainty: L. Festinger, "A Theory of Social Comparison Processes," *Human Relations* 7, no. 2 (1954): 117–140; Charles R. Berger, "Uncertain Outcome Values in Predicted Relationships: Uncertainty Reduction Theory Then and Now," *Human Communication Research* 13, no. 1 (1986): 34–38; and M. A. Hogg and B. A. Mullin, "Uncertainty: Subjective Uncertainty Reduction and Group Identification," *Social Identity and Social Cognition* (1999): 249–279.

generate them: M. A. Cronin and J. Loewenstein, *The Craft of Creativity* (in development, Stanford University Press).

lose its meaning: L. Kwoh, "You Call That Innovation?," *Wall Street Journal*, May 23, 2012, www.wsj.com/articles/SB10001424052702304791704577418250902309914.

with the competitors: C. M. Christensen, M. E. Raynor, and R. McDonald, "What Is Disruptive Innovation?," *Harvard Business Review*, December 2015.

you can't know: D. K. Simonton, "Scientific Creativity as Constrained Stochastic Behavior: The Integration of Product, Person, and Process Perspectives," *Psychological Bulletin* 4, no. 129 (2003): 475–494.

第 2 章　我们与创造力之间爱恨交织的关系

human progress: B. A. Hennessey and T. M. Amabile, "Creativity," *Annual Review of Psychology* 61 (2010): 569–598.
competitive advantage: R. W. Woodman, J. E. Sawyer, and R. W. Griffin, "Toward a Theory of Organizational Creativity," *Academy of Management Review* 18 (1993): 293–321.
scientific discovery: D. K. Simonton, *Origins of Genius: Darwinian Perspectives on Creativity.* New York: Oxford University Press (1999): 308.
you guessed it, creativity: F. Kern, "What Chief Executives Really Want," *Bloomberg Businessweek,* May 17, 2010, www.bloomberg.com/news/articles/2010-05-18/what-chief-executives-really-want.
"worship creativity": D. Thompson, "Why Experts Reject Creativity," *The Atlantic,* October, 2014, www.theatlantic.com/business/archive/2014/10/why-new-ideas-fail/381275/.
to buy products: J. S. Mueller, J. Loewenstein, and J. Deal, "Managers Reject Ideas Customers Want," *Harvard Business Review,* July–August 2014, https://hbr.org/2014/07/managers-reject-ideas-customers-want.
the workplace: M. Baer, "Putting Creativity to Work: The Implementation of Creative Ideas in Organizations," *Academy of Management Journal* 55 (2012): 1102–1119; and E. F. Rietzschel, B. A. Nijstad, and W. Stroebe, "The Selection of Creative Ideas after Individual Idea Generation: Choosing between Creativity and Impact," *British Journal of Psychology* 101 (2010): 47–68.
school: E. L. Westby and V. L. Dawson, "Creativity: Asset or Burden in the Classroom?," *Creativity Research Journal* 8 (1995): 1–10.
academia: K. J. Boudreau, E. C. Guinan, K. R. Lakhani, and C. Riedl, "The Novelty Paradox & Bias for Normal Science: Evidence

from Randomized Medical Grant Proposal Evaluations" (working paper, Harvard Business School, 2012).

sciences: K. Siler, K. Lee, and L. Bero, "Measuring the Effectiveness of Scientific Gatekeeping," *Proceedings of the National Academy of Sciences* 112 (2015): 360–365.

government: R. Fernandez and D. Rodrik, "Resistance to Reform: Status Quo Bias in the Presence of Individual-Specific Uncertainty," *American Economic Review* (1991): 1146–1155.

our personal lives: J. S. Mueller, S. Melwani, and J. A. Goncalo, "The Bias against Creativity: Why People Desire but Reject Creative Ideas," *Psychological Science* 23 (2012): 13–17; and C. P. Moreau and D. W. Dahl, "Designing the Solution: The Impact of Constraints on Consumers' Creativity," *Journal of Consumer Research* 32 (2005): 13–22.

market hierarchies: C. Christensen, *The Innovator's Dilemma: When New Technologies Cause Great Firms to Fail* (Boston: Harvard Business School Press, 2013).

the iPhone: J. Loewenstein and J. S. Mueller, "Implicit Theories of Creative Ideas: How Culture Shapes Assessments of Creative Ideas," *Academy of Management Discoveries* (forthcoming).

a practical one: J. S. Mueller, C. J. Wakslak, and V. Krishnan, "Construing Creativity: The How and Why of Recognizing Creative Ideas," *Journal of Experimental Social Psychology* 51 (2014): 81–87.

group of people: A. G. Greenwald and M. R. Banaji, "Implicit Social Cognition: Attitudes, Self-Esteem, and Stereotypes," *Psychological Review* 102 (1995): 4–27.

sell a new idea: G. Yukl, H. Kim, and C. Chavez, "Task Importance, Feasibility, and Agent Influence Behavior as Determinants of Target Commitment," *Journal of Applied Psychology* 84 (1999): 137–143; and R. B. Cialdini and N. J. Goldstein, "Social Influence: Compliance and Conformity," *Annual Review of Psychology* 55 (2004): 591–621.

PillCam, a camera: www.givenimaging.com/en-us/Innovative-Solutions/Capsule-Endoscopy/pillcam-colon/Pages/default.aspx.

第 3 章 悖论背后的科学

naive or misguided: R. Sutton, "Why Creativity and Innovation Suck," on *Bob Sutton Work Matters,* December 1, 2007, http://bobsutton.typepad.com/my_weblog/2007/12/why-creativity.html.

evaluating a creative *idea:* M. D. Mumford, D. C. Lonergan, and G. Scott, "Evaluating Creative Ideas: Processes, Standards, and Context," *Inquiry: Critical Thinking Across the Disciplines* 22 (2002): 21–30; and T. M. Amabile, "Social Psychology of Creativity: A Consensual Assessment Technique," *Journal of Personality and Social Psychology* 43 (1982): 997–1013.

novelty and impact: K. Siler, K. Lee, and L. Bero, "Measuring the Effectiveness of Scientific Gatekeeping," *Proceedings of the National Academy of Sciences* 112 (2015): 360–365.

of high quality: K. J. Boudreau, E. C. Guinan, K. R. Lakhani, and C. Riedl, "The Novelty Paradox & Bias for Normal Science: Evidence from Randomized Medical Grant Proposal Evaluations" (working paper, Harvard Business School, 2012), https://dash.harvard.edu/bitstream/handle/1/10001229/13-053.pdf?sequence=1.

company's website: L. J. Kornish and K. T. Ulrich, "The Importance of the Raw Idea in Innovation: Testing the Sow's Ear Hypothesis," *Journal of Marketing Research* 51 (2014): 14–26.

thirty experts: N. Escoffier and B. McKelvey, "The Wisdom of Crowds in the Movie Industry: Towards New Solutions to Reduce Uncertainties," *International Journal of Arts Management* 17 (2015): 52–63.

relative to novices: P. C. Moreau, D. R. Lehmann, and A. B. Markman, "Entrenched Knowledge Structures and Consumer Response to New Products," *Journal of Marketing Research,* 38, no. 1 (2001): 14–29.

level of experience: D. A. Shepherd, A. Zacharakis, and R. A. Baron, "VCs' Decision Processes: Evidence Suggesting More Experience May Not Always Be Better," *Journal of Business Venturing* 18 (2003): 381–401.

successful in the long term: L. Huang and J. L. Pearce, "Managing the Unknowable: The Effectiveness of Early-Stage Investor Gut Feel in Entrepreneurial Investment Decisions," *Administrative Science Quarterly* 60 (2015): 634–670.

going to be useful: B. A. Hennessey, T. M. Amabile, and J. S. Mueller, "Consensual Assessment," in *Encyclopedia of Creativity*, 2nd ed., M. A. Runco and S. R. Pritzker, eds. (San Diego, CA: Academic Press, 2011): 253–260.

with this view: P. Thiel, *Zero to One: Notes on Startups, or How to Build the Future* (New York: Crown Publishing Group, 2014).

existing ideas: T. B. Ward, "What's Old about New Ideas?," in *The Creative Cognition Approach,* S. M. Smith, T. B. Ward, R. A. Fiske, eds. (Cambridge, MA: MIT Press, 1995).

devalue creative ideas: T. M. Amabile, "Brilliant but Cruel: Perceptions of Negative Evaluators," *Journal of Experimental Social Psychology* 19 (1983): 146–156.

color swatches: C. Martindale and K. Moore, "Priming, Prototypicality, and Preference," *Journal of Experimental Psychology: Human Perception and Performance* 14, 661 (1988).

paintings: P. Hekkert and P. Wieringen, "Complexity and Prototypicality as Determinants of the Appraisal of Cubist Paintings," *British Journal of Psychology* 81 (1990): 483–495.

and music: J. D. Smith and R. J. Melara, "Aesthetic Preference and Syntactic Prototypicality in Music: 'Tis the Gift to be Simple," *Cognition* 34, no. 3 (1990): 279–298.

views of creativity: W. Niu and R. J. Sternberg, "Cultural Influences on Artistic Creativity and Its Evaluation," *International Journal of Psychology* 36 (2001): 225–241.

inspired them with awe: J. Loewenstein and J. S. Mueller, "Implicit Theories of Creative Ideas: How Culture Shapes Assessments of Creative Ideas," *Academy of Management Discoveries* (forthcoming).

select the idea too: F. J. Flynn and J. A. Chatman, "Strong Cultures and Innovation: Oxymoron or Opportunity?," in *International Handbook of Organizational Culture and Climate,* C. L. Cooper, S. Cartwright, and P. C. Earley, eds. (West Sussex, UK: John Wiley & Sons, 2001).

failure rate: L. Fleming, "Recombinant Uncertainty in Technological Search," *Management Science* 47, special issue: *Design and Development* (2001): 117–132.

you try them: K. J. Klein and A. P. Knight, "Innovation Implementation: Overcoming the Challenge," *Current Directions in Psychological Science* 14 (2005): 243–246.

familiar ones: M. Baer, "Putting Creativity to Work: The Implementation of Creative Ideas in Organizations," *Academy of Management Journal* 55 (2012): 1102–1119.

undergrad population: J. S. Mueller, S. Melwani, and J. A. Goncalo, "The Bias against Creativity: Why People Desire but Reject Creative Ideas," *Psychological Science* 23 (2012): 13–17.

to this question: J. S. Mueller, S. Melwani, J. Loewenstein, and J. Deal, "Reframing the Decision-Makers' Dilemma: A Social Context Model of Creative Idea Recognition" (working paper).

problem as well: C. M. Ford and D. A. Gioia, "Factors Influencing Creativity in the Domain of Managerial Decision Making," *Journal of Management* 26 (2000): 705–732.

economic data: F. Ferraro, J. Pfeffer, and R. I. Sutton, "Economics Language and Assumptions: How Theories Can Become Self-Fulfilling," *Academy of Management Review* 30 (2005): 8–24.

actual ability: S. Melwani, J. S. Mueller, and J. Overbeck, "Looking Down: The Influence of Contempt and Compassion on Leadership Perceptions," *Journal of Applied Psychology* 96 (2012): 1171–1185.

第 4 章　自我突破：克服自己对创造力的偏见

"21st century": M. Chafkin, "A Broken Place: The Spectacular Failure of the Startup That Was Going to Change the World," *Fast Company,* www.fastcompany.com/3028159/a-broken-place-better-place (2014).
merely a concept: M. Gunther, "Why a Highly Promising Electric Car Start-Up Is Failing," *Yale Environment 360,* March 5, 2013, http://e360.yale.edu/feature/gunther_why_israel_electric_car_startup_better_place_failed/2624.
and many others: T. Fogarty, in personal communication with the author, March 2015.
if you fail: T. M. Amabile, *Creativity in Context* (Boulder, CO: Westview Press, 1996).
company right now: G. Day, "Is It Real? Can We Win? Is It Worth Doing?: Managing Risk and Reward in an Innovation Portfolio," *Harvard Business Review* 85 (2007): 110; and M. Mode, "The Post-it Note Was Introduced 35 Years Ago Today. Was It Really Invented By Mistake?," *Michael Mode,* April 6, 2015, www.magicmode.com/the-post-it-note-introduced-35-years-ago-today-was-it-really-invented-by-mistake/.
estimation accuracy: J. Surowiecki, *The Wisdom of Crowds* (New York: Doubleday, 2004).
novel ideas either: J. Berg, "Balancing on the Creative High-Wire: Forecasting the Success of Novel Ideas in Organizations," *Administrative Science Quarterly* (forthcoming).
the unconscious mind: D. K. Simonton, *Origins of Genius: Darwinian Perspectives on Creativity* (New York: Oxford University Press, 1999).
scan slightly: T. Drew, M. L.-H. Võ, and J. M. Wolfe, "The Invisible Gorilla Strikes Again: Sustained Inattentional Blindness in Expert Observers," *Psychological Science* 24 (2013): 1848–1853.
simply pattern match: T. Friend, "Tomorrow's Advance Man," *The New Yorker,* May 18, 2015, www.newyorker.com/magazine/2015/

05/18/tomorrows-advance-man.
will move slower: J. Bargh, M. Chen, and L. Burrows, "Automaticity of Social Behavior: Direct Effects of Trait Construct and Stereotype Activation on Action," *Journal of Personality and Social Psychology* 71 (1996): 230–244.
display poor memory: A. Dijksterhuis, J. A. Bargh, and J. Miedema, "Of Men and Mackerels: Attention, Subjective Experience, and Automatic Social Behavior," in *The Message Within: The Role of Subjective Experience in Social Cognition and Behavior* (New York: Psychology Press, 2000).
cognitive biases: A. C. Hafenbrack, Z. Kinias, and S. G. Barsade, "Debiasing the Mind through Meditation: Mindfulness and the Sunk-Cost Bias," *Psychological Science* 25 (2014): 369–376.
later success: L. Huang and J. L. Pearce, "Managing the Unknowable: The Effectiveness of Early-Stage Investor Gut Feel in Entrepreneurial Investment Decisions," *Administrative Science Quarterly* 60 (2015): 634–670.
harms our health: G. Mandler, *Mind and Body: Psychology of Emotion and Stress* (New York: W. W. Norton, 1984).
Mona Lisa: S. Lyubomirsky and S. Nolen-Hoeksema, "Self-Perpetuating Properties of Dysphoric Rumination," *Journal of Personality and Social Psychology* 65 (1993): 339–349.
they also become rich: L. Huang and J. L. Pearce, "Managing the Unknowable: The Effectiveness of Early-Stage Investor Gut Feel in Entrepreneurial Investment Decisions," *Administrative Science Quarterly* 60, no. 4 (2015): 634–670.
spendthrift: B. Schlender and R. Tetzeli, *Becoming Steve Jobs: The Evolution of a Reckless Upstart into a Visionary Leader* (New York: Crown Business, 2015).
social acceptance: J. Loewenstein and J. S. Mueller, "Implicit Theories of Creative Ideas: How Culture Shapes Assessments of Creative Ideas," *Academy of Management Discoveries* (forthcoming).
less feasible it is: E. Rietzschel, B. Nijstad, and W. Stroebe, "The Selection of Creative Ideas after Individual Idea Generation: Choosing between Creativity and Impact," *British Journal of Psy-*

chology 101 (2010): 47–68.
higher-quality creative solutions: C. P. Moreau and D. W. Dahl, "Designing the Solution: The Impact of Constraints on Consumers' Creativity," *Journal of Consumer Research* 32 (2005): 13–22; R. Y.-J. Chua and S. S. Iyengar, "Creativity as a Matter of Choice: Prior Experience and Task Instruction as Boundary Conditions for the Positive Effect of Choice on Creativity," *Journal of Creative Behavior* 42 (2008): 164–180; and J. A. Goncalo, J. Chatman, M. Duguid, and J. A. Kennedy, "Creativity from Constraint? How Political Correctness Influences Creativity in Mixed-Sex Work Groups," *Administrative Science Quarterly,* vol. 60, no. 1 (2015): 1–30.
providing their answers: J. A. Minson, J. S. Mueller, and R. P. Larrick (working paper).
"could it be?": http://news.fintech.io/post/102cskz/the-new-yorker-on-marc-andreessen-and-his-plan-to-win-the-future.

第 5 章 克服他人对创造力的偏见

than the new: S. Eidelman, C. S. Crandall, and J. Pattershall, "The Existence Bias," *Journal of Personality and Social Psychology* 97 (2009): 765–775.
others are doing: R. B. Cialdini, "Crafting Normative Messages to Protect the Environment," *Current Directions in Psychological Science* 12.4 (2003): 105–109; and M. M. Duguid and M. C. Thomas-Hunt, "Condoning Stereotyping? How Awareness of Stereotyping Prevalence Impacts Expression of Stereotypes," *Journal of Applied Psychology* 100, no. 2 (2015): 343.
an Apple logo: G. M. Fitzsimons, T. L. Chartrand, and G. J. Fitzsimons, "Automatic Effects of Brand Exposure on Motivated Behavior: How Apple Makes You 'Think Different,'" *Journal of Consumer Research* 35 (2008): 21–35.

one journalist: C. Chase, "Bob Dylan's Bizarre New Commercial with IBM's Watson," *USA Today,* October 6, 2015, http://ftw.usatoday.com/2015/10/bob-dylan-ibm-watson-commercial.
product is creative: J. Loewenstein and J. S. Mueller, "Implicit Theories of Creative Ideas: How Culture Shapes Assessments of Creative Ideas," *Academy of Management Discoveries* (forthcoming).
"poster boy?": W. Isaacson, *Einstein: His Life and Universe* (New York: Simon & Schuster, 2007).
message or angst: D. Pollock, *Skywalking: The Life and Films of George Lucas* (New York: Da Capo Press, 1999).
produce creative ideas: M. A. Cronin and J. Loewenstein, *The Craft of Creativity* (Stanford University Press, in development).
affect and creativity link: T. M. Amabile, S. G. Barsade, J. S. Mueller, and B. M. Staw, "Affect and Creativity at Work," *Administrative Science Quarterly* 50 (2005): 367–403.
Journalist profiled AO+: J. Scott, "My No-Soap, No-Shampoo, Bacteria-Rich Hygiene Experiment," *New York Times Magazine,* May 22, 2014, www.nytimes.com/2014/05/25/magazine/my-no-soap-no-shampoo-bacteria-rich-hygiene-experiment.html?_r=0.
most-emailed list: J. Berger and K. L. Milkman, "What makes online content viral?," *Journal of Marketing Research* 49 (2012): 192–205.
use our ideas: C. Heath and D. Heath, *Made to Stick: Why Some Ideas Survive and Others Die* (New York: Random House, 2007).
likely to succeed: M. A. Runco and R. E. Charles, "Judgments of Originality and Appropriateness as Predictors of Creativity," *Personality and Individual Differences* 15 (1993): 537–546; and P. J. Silvia, "Discernment and Creativity: How Well Can People Identify Their Most Creative Ideas?," *Psychology of Aesthetics, Creativity, and the Arts* 2 (2008): 139.
strong creative potential: K. D. Elsbach and R. M. Kramer, "Assessing Creativity in Hollywood Pitch Meetings: Evidence for a Dual-Process Model of Creativity Judgments," *Academy of Management Journal* 46 (2003): 283–301.
generate creative ideas: J. S. Mueller and D. Kamdar, "Why Seek-

ing Help from Teammates Is a Blessing and a Curse: A Theory of Help Seeking and Individual Creativity in Team Contexts," *Journal of Applied Psychology* 96 (2011): 263–276.

those who don't: A. S. Rosette, J. S. Mueller, and R. D. Lebel, "Are Male Leaders Penalized for Seeking Help? The Influence of Gender and Asking Behaviors on Competence Perceptions," *Leadership Quarterly* 26, no. 5 (2015): 749–762.

relative to novices: C. P. Moreau, D. R. Lehmann, and A. B. Markman, "Entrenched Knowledge Structures and Consumer Response to New Products," *Journal of Marketing Research* 38, no. 1 (2001): 14–29.

第 6 章　在你的组织中培育变革性创新

pivot the company: M. Freeman, "Qualcomm CEO: 'We have to pivot the company,'" *San Diego Union Tribune,* September 2, 2015, www.sandiegouniontribune.com/news/2015/sep/02/qualcomm-ceo-pivot-the-company.

innovation prowess: D. Steinbock, *The Nokia Revolution: The Story of an Extraordinary Company That Transformed an Industry* (New York: AMACOM, 2001); and K. Dittrich and G. Duysters, "Networking as a Means to Strategy Change: The Case of Open Innovation in Mobile Telephony," *Journal of Product Innovation Management* 24, no. 6 (2007): 510–521.

a nimble Finnish company: J. Surowiecki, "Where Nokia Went Wrong," *The New Yorker,* September 3, 2013, www.newyorker.com/business/currency/where-nokia-went-wrong.

autonomy to workers: T. M. Amabile, et al., "Assessing the Work Environment for Creativity," *Academy of Management Journal* 39, no. 5 (1996): 1154–1184; and S. G. Scott and R. A. Bruce, "Determinants of Innovative Behavior: A Path Model of Individual Innovation in the Workplace," *Academy of Management Journal* 37, no.

3 (1994): 580–607.
possibly ostracized: M. J. Gelfand, et al., "Differences between Tight and Loose Cultures: A 33-Nation Study," *Science* 332, no. 6033 (May 2011): 1100–1104.
company to adhere to: R. Katz and T. J. Allen, "Investigating the Not Invented Here (NIH) Syndrome: A Look at the Performance, Tenure, and Communication Patterns of 50 R&D Project Groups," *R&D Management,* 12, no. 1 (1982): 7.
organizational hierarchy: C. B. Gibson, et al., Hierarchical Perceptual Distance: A New Perspective on the Relationship between Perception Differences and Business Performance (working paper, University of Western Australia).
"to these students?": C. Pazzanese, "'I had this extraordinary sense of liberation': Nitin Nohria's Exhilarating Journey," *Harvard Gazette,* April 29, 2015.
"it will be better": J. Byrne, "HBS Dean Makes an Unusual Public Apology," *Poets & Quants,* January 28, 2014.
confirms their beliefs: R. S. Nickerson, "Confirmation Bias: A Ubiquitous Phenomenon in Many Guises," *Review of General Psychology* 2 (1998): 175–220.
going to buy it: P. R. Nayak and J. M. Ketteringham, *Breakthroughs!* (New York: Rawson Associates, 1986).
"complete addiction": M. Mode, "The Post-it Note Was Introduced 35 Years Ago Today. Was It Really Invented By Mistake?," *Michael Mode,* April 6, 2015, www.magicmode.com/the-post-it-note-introduced-35-years-ago-today-was-it-really-invented-by-mistake/.
dependence upon oil?: www.ted.com/talks/shai_agassi_on_electric_cars/transcript?language=en.
chronicled a mystery: J. Bussey, "The Innovator's Enigma," *Wall Street Journal,* October 4, 2012, www.wsj.com/articles/SB10000872396390443493304578036753351798378.
"changed them": M. Gladwell, "The Tweaker: The Real Genius of Steve Jobs," *The New Yorker,* November 14, 2011, www.newyorker.com/magazine/2011/11/14/the-tweaker.
"socially horrifying": M. Gladwell, "How David Beats Goli-

ath" When Underdogs Break the Rules," *The New Yorker,* May 11, 2009, www.newyorker.com/magazine/2009/05/11/how-david-beats-goliath.

Picasso of our generation: S. Rosenbaum, "Steve Jobs Wasn't the Einstein of Our Generation, He Was the Picasso," *Fast Company,* November 9, 2011, www.fastcompany.com/1793428/steve-jobs-wasnt-einstein-our-generation-he-was-picasso.

emotional conflict: C.K.W. De Dreu and L. R. Weingart, "Task versus Relationship Conflict, Team Performance, and Team Member Satisfaction: A Meta-Analysis." *Journal of Applied Psychology* 88, no. 4 (2003): 741–749.

expressing a new idea: M. Diehl and W. Stroebe, "Productivity Loss in Brainstorming Groups: Toward the Solution of a Riddle," *Journal of Personality and Social Psychology* 53, no. 3 (1987): 497–509; and M. Diehl and W. Stroebe, "Productivity Loss in Idea-Generating Groups: Tracking Down the Blocking Effect," *Journal of Personality and Social Psychology* 61, no. 3 (1991): 392–403.

manage innovation: R. Cooper, "Managing Technology Development Projects," *Research Technology Management* 49, no. 6 (2006): 23.

in the long term: C. M. Ford and D. A. Gioia, "Factors Influencing Creativity in the Domain of Managerial Decision Making," *Journal of Management* 26, no. 4 (2000): 705–732.

"it's theoretical?": John Walker interview, *The Incredibles,* DVD, directed by Brad Bird (Burbank, CA: Walt Disney Home Entertainment, 2005).

creative new products: R. Cook, in personal communication with the author, January 2016.

第 7 章 克服对创新型领导者的偏见

wins decades: B. Brown, S. Anthony, "How P&G Tripled Its Inno-

vation Success Rate," *Harvard Business Review* (June 2011).
McDonald's leadership: J. Bogaisky, "Congrats, Bill Ackman: Bob McDonald Out at P&G, A. G. Lafley Returning as CEO," *Forbes,* May 2013.
"innovation guru": J. Surowiecki, "The Comeback Conundrum," *The New Yorker,* September 21, 2015.
Jobs to Apple: J. Green, "P&G Looks for Steve Jobs–Like Sequel by Recalling Ex-CEO," *Bloomberg Businessweek,* May 25, 2013, www.bloomberg.com/news/articles/2013-05-24/p-g-looks-for-steve-jobs-like-sequel-by-recalling-ex-ceo.
underperformed the market: J. Surowiecki, "The Comeback Conundrum," *The New Yorker,* September 21, 2015.
win in the future: F. Kern, "What Chief Executives Really Want," *Bloomberg Businessweek,* May 17, 2010, www.bloomberg.com/news/articles/2010-05-18/what-chief-executives-really-want.
replied, "curiosity": "A Marketplace without Boundaries? Responding to Disruption," www.pwc.com/gx/en/ceo-survey/2015/assets/pwc-18th-annual-global-ceo-survey-jan-2015.pdf.
prove the concept: T. Wedell-Wedellsborg, "What It Really Means to Be a Chief Innovation Officer," *Harvard Business Review,* December 2014, https://hbr.org/2014/12/what-it-really-means-to-be-a-chief-innovation-officer.
innovation and creativity: P. Kannan-Narasimhan, "Organizational Ingenuity in Nascent Innovations: Gaining Resources and Legitimacy through Unconventional Actions," *Organization Studies* 35 (2014): 483–509.
and interesting: K. D. Elsbach, R. M. Kramer, "Assessing Creativity in Hollywood Pitch Meetings: Evidence for a Dual-Process Model of Creativity Judgments," *Academy of Management Journal* 46 (2003): 283–301; and R. J. Sternberg, "Implicit Theories of Intelligence, Creativity, and Wisdom," *Journal of Personality and Social Psychology* 49 (1985): 607–627.
at important tasks: S. Taggar, R. Hackett, and S. Saha, "Leadership Emergence in Autonomous Work Teams: Antecedents and Outcomes," *Personnel Psychology* 52 (1999): 899–926.

employing stereotypes: R. G. Lord, R. J. Foti, and C. L. de Vader, "A Test of Leadership Categorization Theory: Internal Structure, Information Processing, and Leadership Perceptions," *Organizational Behavior & Human Performance* 34 (1984): 343–378; and J. R. Meindl, S. B. Ehrlich, and J. M. Dukerich, "The Romance of Leadership," *Administrative Science Quarterly* 30 (1985): 78–102.
and attractive: A. S. Rosette, G. J. Leonardelli, and K. W. Phillips, "The White Standard: Racial Bias in Leader Categorization," *Journal of Applied Psychology* 93 (2008): 758–777; and L. R. Offermann, J. K. Kennedy, and P. W. Wirtz, "Implicit Leadership Theories: Content, Structure, and Generalizability," *Leadership Quarterly* 5 (1994): 43–58.
fit all the criteria: A. S. Rosette, J. S. Mueller, and R. D. Lebel, "Are Male Leaders Penalized for Seeking Help? The Influence of Gender and Asking Behaviors on Competence Perceptions," *Leadership Quarterly* 26 (2015): 749–762.
to be leaderlike: J. S. Mueller, J. A. Goncalo, and D. Kamdar, "Recognizing Creative Leadership: Can Creative Idea Expression Negatively Relate to Perceptions of Leadership Potential?," *Journal of Experimental Social Psychology* 47 (2011): 494–498.
ultimately fails: S. R. Giessner and D. van Knippenberg, "'License to Fail': Goal Definition, Leader Group Prototypicality, and Perceptions of Leadership Effectiveness After Leader Failure," *Organizational Behavior and Human Decision Processes* 105 (2008): 14–35.
promotes effective leadership: D. Vera, A. Rodriguez-Lopez, "Strategic Virtues: Humility as a Source of Competitive Advantage," in "Healthy, Happy, Productive Work: A Leadership Challenge," special issue, *Organizational Dynamics* 33 (2004): 393–408; B. P. Owens and D. R. Hekman, "Modeling How to Grow: An Inductive Examination of Humble Leader Behaviors, Contingencies, and Outcomes," *Academy of Management Journal* 55 (2012): 787–818; D. Van Dierendonck, "Servant Leadership: A Review and Synthesis," *Journal of Management* 37 (2011): 1228–1261; and B. J. Avolio, F. O. Walumbwa, and T. J. Weber, "Leadership: Cur-

rent Theories, Research, and Future Directions," *Annual Review of Psychology* 60 (2009): 421–449.

and employees: J. Pfeffer, *Leadership BS: Fixing Workplaces and Careers One Truth at a Time* (New York: HarperBusiness, 2015).

through twelfth grade: K. H. Kim, "The Creativity Crisis: The Decrease in Creative Thinking Scores on the Torrance Tests of Creative Thinking," *Creativity Research Journal* 23 (2011): 285–295.

arts, like dance: K. Robinson, (2006, February). Ken Robinson: Do schools kill creativity? (video file). Retrieved from www.ted.com/talks/ken_robinson_says_schools_kill_creativity.

is not essential: A. Andiliou and P. K. Murphy, "Examining Variations Among Researchers' and Teachers' Conceptualizations of Creativity: A Review and Synthesis of Contemporary Research," *Educational Research Review* 5 (2010): 201–219.

4 percent per year: D. Munro, "U.S. Healthcare Hits $3 Trillion," *Forbes,* January 9, 2012, www.forbes.com/sites/danmunro/2012/01/19/u-s-healthcare-hits-3-trillion/#69b0f2e72f67.

feel more confident: C. Anderson, S. Brion, D. A. Moore, and J. A. Kennedy, "A Status-Enhancement Account of Overconfidence," *Journal of Personality and Social Psychology* 103 (2012): 718–735; and D. R. Carney, A. J. C. Cuddy, and A. J. Yap, "Power Posing: Brief Nonverbal Displays Affect Neuroendocrine Levels and Risk Tolerance," *Psychological Science* 21, no. 10 (2010): 1363–1368.

performance goes down: J. K. Maner and N. L. Mead, "The Essential Tension Between Leadership and Power: When Leaders Sacrifice Group Goals for the Sake of Self-Interest," *Journal of Personality and Social Psychology* 99 (2010): 482.

during decision making: D. J. Isenberg, "Group Polarization: A Critical Review and Meta-Analysis," *Journal of Personality and Social Psychology* 50 (1986): 1141–1151.

"very tight loop": K. Greenfeld, *Wall Street Journal,* "How Mark Parker Keeps Nike in the Lead," *Wall Street Journal,* November 4, 2015, www.wsj.com/articles/how-mark-parker-keeps-nike-in-the-lead-1446689666.

"the research side": A. Ignatius and D. McGinn, "Novo Nordisk CEO Lars Sorensen on What Propelled Him to the Top," *Harvard Business Review,* November 2015, https://hbr.org/2015/11/novo-nordisk-ceo-on-what-propelled-him-to-the-top.

第 8 章　与其继续产生创意不如着重制造影响力

more ideas: D. K. Simonton, "Scientific Creativity as Constrained Stochastic Behavior: The Integration of Product, Person, and Process Perspectives," *Psychological Bulletin* 129 (2003): 475–494.

high quality: K. Girotra, C. Terwiesch, and K. T. Ulrich, "Idea Generation and the Quality of the Best Idea," *Management Science* 56 (2010): 591–605.

to choose from: E. Ries, *The Lean Startup: How Today's Entrepreneurs Use Continuous Innovation to Create Radically Successful Businesses* (New York: Random House, 2011).

ten a penny: M. A. West, "Ideas Are Ten a Penny: It's Team Implementation Not Idea Generation That Counts," *Applied Psychology: An International Review* 51 (2002): 411–424.

status quo increases*:* A. Kempf and S. Ruenzi, "Status Quo Bias and the Number of Alternatives: An Empirical Illustration from the Mutual Fund Industry," *Journal of Behavioral Finance* 7 (2006): 204–213; and W. Samuelson and R. Zeckhauser, "Status Quo Bias in Decision Making," *Journal of Risk and Uncertainty* 1 (1988): 7–59.

options decreases: P. Criscuolo, L. Dahlander, T. Grohsjean, and A. Salter, "Evaluating Novelty: The Role of Panels in the Selection of R&D Projects," *Academy of Management Journal,* March 8, 2016, amj.2014.0861.

"in the market": T. M. Amabile and M. Khaire, "Creativity and the Role of the Leader," *Harvard Business Review,* October 2008, https://hbr.org/2008/10/creativity-and-the-role-of-the-leader.

"do this job": J. Howell, "The Right Stuff: Identifying and Developing Effective Champions of Innovation," *Academy of Management Executive* 19 (2005): 108–119.

around five people: R.I.M. Dunbar, N.D.C. Duncan, and D. Nettle, "Size and Structure of Freely Forming Conversational Groups," *Human Nature* 6 (1995): 67–78.

answer is often no: E. Miron-Spektor, M. Erez, and E. Naveh, "The Effect of Conformist and Attentive-to-Detail Members on Team Innovation: Reconciling the Innovation Paradox," *Academy of Management Journal* 54 (2011): 740–760.

arm of a company: D. G. Ancona, "Outward Bound: Strategies for Team Survival in an Organization," *Academy of Management Journal* 33 (1990): 334–365; and D. G. Ancona and D. F. Caldwell, "Bridging the Boundary: External Activity and Performance in Organizational Teams," *Administrative Science Quarterly* 37 (1992): 634–665.

in the room: Brad Power, "Improve Decision-Making with Help from the Crowd," *Harvard Business Review,* April 8, 2014.

"everything wrong": B. M. Staw, "Why No One Really Wants Creativity," in *Creative Action in Organizations: Ivory Tower Visions and Real World Voices,* C. Ford, D. A. Gioia, eds. (Thousand Oaks, CA: Sage Publications, 1995).